慈善法
一本通

法规应用研究中心 编

中国法制出版社
CHINA LEGAL PUBLISHING HOUSE

图书在版编目（CIP）数据

慈善法一本通/法规应用研究中心编.—北京：中国法制出版社，2024.1
（法律一本通；45）
ISBN 978-7-5216-4126-4

Ⅰ.①慈… Ⅱ.①法… Ⅲ.①慈善法-基本知识-中国 Ⅳ.①D922.182.3

中国国家版本馆 CIP 数据核字（2024）第 005805 号

责任编辑：谢雯　　　　　　　　　　　　封面设计：杨泽江

慈善法一本通
CISHANFA YIBENTONG

编者/法规应用研究中心
经销/新华书店
印刷/三河市紫恒印装有限公司
开本/880 毫米×1230 毫米　32 开　　　　印张/8　字数/156 千
版次/2024 年 1 月第 1 版　　　　　　　　2024 年 1 月第 1 次印刷

中国法制出版社出版
书号 ISBN 978-7-5216-4126-4　　　　　　定价：35.00 元

北京市西城区西便门西里甲 16 号西便门办公区
邮政编码：100053　　　　　　　　　　　　传真：010-63141600
网址：http://www.zgfzs.com　　　　　　编辑部电话：010-63141833
市场营销部电话：010-63141612　　　　　印务部电话：010-63141606

（如有印装质量问题，请与本社印务部联系。）

编辑说明

"法律一本通"系列丛书自 2005 年出版以来，以其科学的体系、实用的内容，深受广大读者的喜爱。2007 年、2011 年、2014 年、2016 年、2018 年、2019 年、2021 年我们对其进行了改版，丰富了其内容，增强了其实用性，博得了广大读者的赞誉。

我们秉承"以法释法"的宗旨，在保持原有的体例之上，再次对"法律一本通"系列丛书进行改版，以达到"应办案所需，适学习所用"的目标。新版丛书具有以下特点：

1. 丛书以主体法的条文为序，逐条穿插关联的现行有效的法律、行政法规、部门规章、司法解释、请示答复和部分地方规范性文件，以方便读者理解和适用。

2. 丛书紧扣实践和学习两个主题，在目录上标注了重点法条，并在某些重点法条的相关规定之前，对收录的相关文件进行分类，再按分类归纳核心要点，以便读者最便捷地查找使用。

3. 丛书紧扣法律条文，在主法条的相关规定之后附上案例指引，收录最高人民法院、最高人民检察院指导性案例、公报案例以及相关机构公布的典型案例的裁判摘要、案例要旨或案情摘要等。通过相关案例，可以进一步领会和把握法律条文的适用，从而作为解决实际问题的参考。并对案例指引制作索引目录，方便读者查找。

4. 丛书以脚注的形式，对各类法律文件之间或者同一法律文件不同条文之间的适用关系、重点法条疑难之处进行说明，以便读者系统地理解我国现行各个法律部门的规则体系，从而更好地为教学科研和司法实践服务。

5. 丛书结合二维码技术的应用为广大读者提供增值服务，扫描前勒口二维码，即可免费部分使用中国法制出版社推出的【法融】数据库。【法融】数据库中"国家法律法规"栏目便于读者查阅法律文件准确全文及效力的同时，更有部分法律文件权威英文译本等独家资源分享。"最高法指导案例"和"最高检指导案例"两个栏目提供最高人民法院和最高人民检察院指导性案例的全文，为读者提供更多增值服务。

目 录

第一章 总 则

第 一 条 【立法宗旨】 …………………… 2
第 二 条 【适用范围】 …………………… 2
第 三 条 【慈善活动定义】 ……………… 4
★ 第 四 条 【开展慈善活动的原则】 ……… 5
第 五 条 【弘扬传统美德】 ……………… 5
第 六 条 【管理体制】 …………………… 6
第 七 条 【中华慈善日】 ………………… 6

第二章 慈善组织

第 八 条 【慈善组织定义及其组织形式】 …… 7
★ 第 九 条 【慈善组织条件】 ……………… 9
★ 第 十 条 【慈善组织登记和认定程序】 …… 13
★ 第十一条 【慈善组织章程】 ……………… 15
★ 第十二条 【慈善组织内部治理和会计制度】 …… 16
★ 第十三条 【年度工作报告和财务会计报告】 …… 19
第十四条 【关联交易】 …………………… 28
★ 第十五条 【慈善组织禁止事项】 ………… 30
★ 第十六条 【不得担任慈善组织负责人情形】 …… 31
第十七条 【慈善组织终止情形】 ………… 32

★　第 十 八 条　【慈善组织的清算程序】……………… 32
　　　　第 十 九 条　【慈善行业组织】………………………… 33
　　　　第 二 十 条　【授权规定】……………………………… 36

第三章　慈善募捐

　　　　第二十一条　【慈善募捐的定义】……………………… 38
　　★　第二十二条　【公开募捐资格】………………………… 38
　　★　第二十三条　【公开募捐方式和地域管理】…………… 41
　　★　第二十四条　【公开募捐方案】………………………… 47
　　★　第二十五条　【公开募捐信息】………………………… 49
　　　　第二十六条　【合作募捐】………………………………… 49
　　　　第二十七条　【互联网公开募捐】……………………… 50
　　★　第二十八条　【公开募捐平台验证义务】…………… 51
　　　　第二十九条　【定向募捐】……………………………… 51
　　★　第 三 十 条　【定向募捐的禁止性规定】…………… 51
　　　　第三十一条　【募捐对象知情权】……………………… 51
　　★　第三十二条　【开展募捐活动禁止性规定】…………… 53
　　　　第三十三条　【禁止虚假慈善】………………………… 53

第四章　慈善捐赠

　　　　第三十四条　【慈善捐赠的定义】……………………… 53
　　★　第三十五条　【捐赠方式】……………………………… 54
　　★　第三十六条　【捐赠财产】……………………………… 54
　　　　第三十七条　【经营性活动捐赠】……………………… 56
　　　　第三十八条　【捐赠票据】……………………………… 56

★	第三十九条	【捐赠协议】………………………	62
	第四十条	【捐赠人义务】………………………	63
★	第四十一条	【捐赠人履行捐赠承诺】……………	63
★	第四十二条	【捐赠人监督权利】…………………	65
	第四十三条	【国有企业捐赠】……………………	67

第五章 慈善信托

	第四十四条	【慈善信托的定义】…………………	67
★	第四十五条	【慈善信托设立】……………………	67
	第四十六条	【确定受益人】………………………	70
	第四十七条	【受托人资格】………………………	70
	第四十八条	【变更受托人】………………………	71
★	第四十九条	【受托人义务】………………………	71
★	第五十条	【信托监察人】………………………	73
★	第五十一条	【法律适用】…………………………	73

第六章 慈善财产

	第五十二条	【财产的范围】………………………	75
	第五十三条	【财产的用途】………………………	76
	第五十四条	【财产的管理】………………………	76
★	第五十五条	【慈善组织财产保值增值投资】……	77
	第五十六条	【捐赠财产使用原则】………………	81
★	第五十七条	【慈善项目管理】……………………	82
★	第五十八条	【剩余捐赠财产的处理】……………	82
★	第五十九条	【慈善组织确定受益人】……………	83

第六十条　【慈善资助协议】……………………… 83
　　第六十一条　【慈善活动支出及管理费用】………… 83

第七章　慈善服务

　　第六十二条　【慈善服务的定义】…………………… 87
　　第六十三条　【受益人、志愿者的人格尊严和隐私
　　　　　　　　保护】…………………………………… 89
★　第六十四条　【慈善服务标准】……………………… 89
★　第六十五条　【向志愿者的告知义务】……………… 90
★　第六十六条　【志愿者服务记录】…………………… 91
　　第六十七条　【合理安排志愿服务】………………… 92
　　第六十八条　【志愿者的管理和培训】……………… 93
　　第六十九条　【志愿者权益保障】…………………… 93

第八章　应急慈善

　　第七十条　【重大突发事件救助】…………………… 94
　　第七十一条　【应急慈善机制】……………………… 95
　　第七十二条　【重大突发事件公开募捐】…………… 95
★　第七十三条　【重大突发事件公开募捐备案】……… 95
　　第七十四条　【捐赠款物分配送达】………………… 95

第九章　信息公开

　　第七十五条　【慈善信息统计和发布】……………… 96
★　第七十六条　【政府部门的慈善信息公开】………… 99

	第七十七条	【慈善组织、慈善信托受托人的信息公开】	101
	第七十八条	【慈善组织信息公开内容】	101
★	第七十九条	【公开募捐和项目实施情况信息公开】	102
	第 八 十 条	【定向募捐告知义务】	103
	第八十一条	【向受益人履行告知义务】	103
★	第八十二条	【不得公开的事项】	104

第十章 促进措施

	第八十三条	【政府及其部门促进慈善事业的基本职责】	105
	第八十四条	【慈善信息共享机制】	105
	第八十五条	【国家鼓励积极参与慈善事业】	106
★	第八十六条	【慈善组织税收优惠】	107
★	第八十七条	【捐赠人税收优惠】	109
★	第八十八条	【慈善信托税收优惠】	110
★	第八十九条	【受益人税收优惠】	110
★	第 九 十 条	【及时办理税收优惠手续】	110
	第九十一条	【免征行政事业性费用】	110
	第九十二条	【对扶贫济困的特殊优惠政策】	110
	第九十三条	【慈善服务设施用地】	111
	第九十四条	【金融政策支持】	111
	第九十五条	【政府购买慈善组织服务规定】	111
	第九十六条	【社区慈善组织】	111
	第九十七条	【弘扬慈善文化】	111

第九十八条　【企事业单位和其他组织的支持】…… 112

第九十九条　【慈善项目冠名】…… 112

第一百条　【慈善表彰】…… 112

第一百零一条　【信用激励制度】…… 114

第一百零二条　【慈善国际交流与合作】…… 114

第十一章　监督管理

第一百零三条　【监督管理职责】…… 114

第一百零四条　【监督管理措施】…… 114

第一百零五条　【检查、调查要求】…… 116

★ 第一百零六条　【慈善信用记录和评估制度】…… 116

第一百零七条　【慈善行业自律】…… 117

第一百零八条　【社会监督】…… 117

第十二章　法律责任

★ 第一百零九条　【慈善组织承担吊销登记证书等法律责任】…… 118

★ 第一百一十条　【责令限期整改的情形】…… 119

★ 第一百一十一条　【募捐活动违法责任】…… 121

第一百一十二条　【直接负责的主管人员、其他直接责任人员违法责任】…… 124

★ 第一百一十三条　【擅自开展公开募捐的法律责任】…… 124

★ 第一百一十四条　【互联网公开募捐法律责任】…… 129

第一百一十五条　【不依法出具捐赠票据或志愿服务证明的法律责任】…… 132

第一百一十六条	【骗取税收优惠的法律责任】……	133
第一百一十七条	【危害国家安全和社会公共利益的法律责任】……	134
第一百一十八条	【受托人法律责任】……	135
第一百一十九条	【慈善服务中的法律责任】……	135
第一百二十条	【政府部门及其工作人员法律责任】…	136
第一百二十一条	【治安管理处罚和刑事责任追究】……	136

第十三章 附 则

第一百二十二条	【群众性互助互济活动】……	136
★ 第一百二十三条	【非慈善组织开展慈善活动】……	137
★ 第一百二十四条	【个人发布求助信息】……	137
第一百二十五条	【施行日期】……	138

附 录 一

中华人民共和国公益事业捐赠法 …… 140
　　（1999年6月28日）
中华人民共和国信托法 …… 146
　　（2001年4月28日）
中华人民共和国红十字会法 …… 160
　　（2017年2月24日）
基金会管理条例 …… 168
　　（2004年3月8日）
社会团体登记管理条例 …… 180
　　（2016年2月6日）

民办非企业单位登记管理暂行条例 …………… 190
　　（1998年10月25日）
慈善组织认定办法 ………………………………… 198
　　（2016年8月31日）
慈善组织公开募捐管理办法 ……………………… 201
　　（2016年8月31日）
慈善组织信息公开办法 …………………………… 207
　　（2018年8月6日）
慈善组织保值增值投资活动管理暂行办法 …… 213
　　（2018年10月30日）
公开募捐平台服务管理办法 ……………………… 217
　　（2016年8月30日）
公开募捐违法案件管辖规定（试行）…………… 220
　　（2018年11月30日）
国务院关于促进慈善事业健康发展的指导意见 …… 223
　　（2014年11月24日）
关于规范基金会行为的若干规定（试行）…… 233
　　（2012年7月10日）

附录二

本书所涉法律文件目录 …………………………… 239

案例索引目录

- 某学校、陈金某股东知情权纠纷案 ………………………… 8
- 某环境研究所诉汽车公司大气污染责任纠纷案 …………… 70
- 邓银某与某教育基金会、唐松某民间借贷纠纷 …………… 80
- 某基金会与张志某公益事业捐赠合同纠纷案 ……………… 82
- 杨某与某市人民政府行政纠纷案 …………………………… 117
- 某基金会与某公司等环境污染责任纠纷上诉案 …………… 120
- 某区民政局、李某民政行政管理（民政）案 ……………… 123
- 孙某某、蒋某诈骗案——假冒慈善机构骗取募捐 ………… 129
- 北京某互保科技有限公司与某网络服务合同纠纷案 ……… 132
- 某公司等与某基金会合同纠纷 ……………………………… 138

中华人民共和国慈善法

(2016年3月16日第十二届全国人民代表大会第四次会议通过 根据2023年12月29日第十四届全国人民代表大会常务委员会第七次会议《关于修改〈中华人民共和国慈善法〉的决定》修正)

目　　录

第一章　总　　则
第二章　慈善组织
第三章　慈善募捐
第四章　慈善捐赠
第五章　慈善信托
第六章　慈善财产
第七章　慈善服务
第八章　应急慈善
第九章　信息公开
第十章　促进措施
第十一章　监督管理
第十二章　法律责任
第十三章　附　　则

第一章 总 则

第一条 立法宗旨①

为了发展慈善事业,弘扬慈善文化,规范慈善活动,保护慈善组织、捐赠人、志愿者、受益人等慈善活动参与者的合法权益,促进社会进步,共享发展成果,制定本法。

第二条 适用范围

自然人、法人和非法人组织开展慈善活动以及与慈善有关的活动,适用本法。其他法律有特别规定的,依照其规定。

● 法 律

1.《民法典》(2020年5月28日)

第87条 为公益目的或者其他非营利目的成立,不向出资人、设立人或者会员分配所取得利润的法人,为非营利法人。

非营利法人包括事业单位、社会团体、基金会、社会服务机构等。

第88条 具备法人条件,为适应经济社会发展需要,提供公益服务设立的事业单位,经依法登记成立,取得事业单位法人资格;依法不需要办理法人登记的,从成立之日起,具有事业单位法人资格。

---

① 条文主旨为编者所加,全书同。

第89条　事业单位法人设理事会的，除法律另有规定外，理事会为其决策机构。事业单位法人的法定代表人依照法律、行政法规或者法人章程的规定产生。

第90条　具备法人条件，基于会员共同意愿，为公益目的或者会员共同利益等非营利目的设立的社会团体，经依法登记成立，取得社会团体法人资格；依法不需要办理法人登记的，从成立之日起，具有社会团体法人资格。

第91条　设立社会团体法人应当依法制定法人章程。

社会团体法人应当设会员大会或者会员代表大会等权力机构。

社会团体法人应当设理事会等执行机构。理事长或者会长等负责人按照法人章程的规定担任法定代表人。

第92条　具备法人条件，为公益目的以捐助财产设立的基金会、社会服务机构等，经依法登记成立，取得捐助法人资格。

依法设立的宗教活动场所，具备法人条件的，可以申请法人登记，取得捐助法人资格。法律、行政法规对宗教活动场所有规定的，依照其规定。

第93条　设立捐助法人应当依法制定法人章程。

捐助法人应当设理事会、民主管理组织等决策机构，并设执行机构。理事长等负责人按照法人章程的规定担任法定代表人。

捐助法人应当设监事会等监督机构。

第94条　捐助人有权向捐助法人查询捐助财产的使用、管理情况，并提出意见和建议，捐助法人应当及时、如实答复。

捐助法人的决策机构、执行机构或者法定代表人作出决定的程序违反法律、行政法规、法人章程，或者决定内容违反法人章程的，捐助人等利害关系人或者主管机关可以请求人民法院撤销该决定。但是，捐助法人依据该决定与善意相对人形成的民事法律关系不受影响。

第95条 为公益目的成立的非营利法人终止时，不得向出资人、设立人或者会员分配剩余财产。剩余财产应当按照法人章程的规定或者权力机构的决议用于公益目的；无法按照法人章程的规定或者权力机构的决议处理的，由主管机关主持转给宗旨相同或者相近的法人，并向社会公告。

2.《红十字会法》（2017年2月24日）

第2条 中国红十字会是中华人民共和国统一的红十字组织，是从事人道主义工作的社会救助团体。

第三条 慈善活动定义

本法所称慈善活动，是指自然人、法人和非法人组织以捐赠财产或者提供服务等方式，自愿开展的下列公益活动：

（一）扶贫、济困；

（二）扶老、救孤、恤病、助残、优抚；

（三）救助自然灾害、事故灾难和公共卫生事件等突发事件造成的损害；

（四）促进教育、科学、文化、卫生、体育等事业的发展；

（五）防治污染和其他公害，保护和改善生态环境；

（六）符合本法规定的其他公益活动。

● **行政法规及文件**

《军人抚恤优待条例》（2019 年 3 月 2 日）

第 2 条　中国人民解放军现役军人（以下简称现役军人）、服现役或者退出现役的残疾军人以及复员军人、退伍军人、烈士遗属、因公牺牲军人遗属、病故军人遗属、现役军人家属，是本条例规定的抚恤优待对象，依照本条例的规定享受抚恤优待。

第四条　开展慈善活动的原则

慈善工作坚持中国共产党的领导。

开展慈善活动，应当遵循合法、自愿、诚信、非营利的原则，不得违背社会公德，不得危害国家安全、损害社会公共利益和他人合法权益。

第五条　弘扬传统美德

国家鼓励和支持自然人、法人和非法人组织践行社会主义核心价值观，弘扬中华民族传统美德，依法开展慈善活动。

● **法　律**

1. 《老年人权益保障法》（2018 年 12 月 29 日）

第 35 条　国家鼓励慈善组织以及其他组织和个人为老年人提供物质帮助。

2. 《残疾人保障法》（2018 年 10 月 26 日）

第 51 条　政府有关部门和残疾人组织应当建立和完善社会

各界为残疾人捐助和服务的渠道,鼓励和支持发展残疾人慈善事业,开展志愿者助残等公益活动。

第六条 管理体制

县级以上人民政府应当统筹、协调、督促和指导有关部门在各自职责范围内做好慈善事业的扶持发展和规范管理工作。

国务院民政部门主管全国慈善工作,县级以上地方各级人民政府民政部门主管本行政区域内的慈善工作;县级以上人民政府有关部门依照本法和其他有关法律法规,在各自的职责范围内做好相关工作,加强对慈善活动的监督、管理和服务;慈善组织有业务主管单位的,业务主管单位应当对其进行指导、监督。

● 法 律

《老年人权益保障法》(2018年12月29日)

第38条 地方各级人民政府和有关部门、基层群众性自治组织,应当将养老服务设施纳入城乡社区配套设施建设规划,建立适应老年人需要的生活服务、文化体育活动、日间照料、疾病护理与康复等服务设施和网点,就近为老年人提供服务。

发扬邻里互助的传统,提倡邻里间关心、帮助有困难的老年人。

鼓励慈善组织、志愿者为老年人服务。倡导老年人互助服务。

第七条 中华慈善日

每年9月5日为"中华慈善日"。

第二章 慈善组织

第八条 慈善组织定义及其组织形式

本法所称慈善组织，是指依法成立、符合本法规定，以面向社会开展慈善活动为宗旨的非营利性组织。

慈善组织可以采取基金会、社会团体、社会服务机构等组织形式。

● **行政法规及文件**

1. 《基金会管理条例》（2004年3月8日）

第2条 本条例所称基金会，是指利用自然人、法人或者其他组织捐赠的财产，以从事公益事业为目的，按照本条例的规定成立的非营利性法人。

第3条 基金会分为面向公众募捐的基金会（以下简称公募基金会）和不得面向公众募捐的基金会（以下简称非公募基金会）。公募基金会按照募捐的地域范围，分为全国性公募基金会和地方性公募基金会。

2. 《社会团体登记管理条例》（2016年2月6日）

第2条 本条例所称社会团体，是指中国公民自愿组成，为实现会员共同意愿，按照其章程开展活动的非营利性社会组织。

国家机关以外的组织可以作为单位会员加入社会团体。

● **部门规章及文件**

3. 《慈善组织认定办法》（2016年8月31日）

第4条 基金会、社会团体、社会服务机构申请认定为慈善

组织,应当符合下列条件:

(一)申请时具备相应的社会组织法人登记条件;

(二)以开展慈善活动为宗旨,业务范围符合《慈善法》第三条的规定;申请时的上一年度慈善活动的年度支出和管理费用符合国务院民政部门关于慈善组织的规定;

(三)不以营利为目的,收益和营运结余全部用于章程规定的慈善目的;财产及其孳息没有在发起人、捐赠人或者本组织成员中分配;章程中有关于剩余财产转给目的相同或者相近的其他慈善组织的规定;

(四)有健全的财务制度和合理的薪酬制度;

(五)法律、行政法规规定的其他条件。

第5条 有下列情形之一的,不予认定为慈善组织:

(一)有法律法规和国家政策规定的不得担任慈善组织负责人的情形的;

(二)申请前二年内受过行政处罚的;

(三)申请时被民政部门列入异常名录的;

(四)有其他违反法律法规和国家政策行为的。

● 案例指引

某学校、陈金某股东知情权纠纷案 [(2020)湘01民终8107号][1]

裁判摘要:《中华人民共和国慈善法》[2] 第八条规定慈善组织可以采取基金会、社会团体、社会服务机构等组织形式。该法用"社

---

① 本案例选自中国裁判文书网,最后访问时间:2024年1月3日。
② 本书"案例指引"部分引用的法律法规等文件均为案件裁判时有效,以下不另外提示。

会服务机构"这一法律概念替代了"民办非企业单位",即其所称的"社会服务机构",对应的是民政部门按照《民办非企业单位登记管理暂行条例》的民办非企业单位,而在民政部门登记的民办非企业单位包括非营利性民办学校、民办医院、民办养老院、民办博物馆、民办社会工作机构等组织。本案中,某学校虽然于2007年4月登记为实施义务教育的民办非企业单位,但根据《民办教育促进法》关于"不得设立实施义务教育的营利性民办学校"之规定及《民法总则》第九十二条第一款关于"具备法人条件,为公益目的以捐助财产设立的基金会、社会服务机构等,经依法登记成立,取得捐助法人资格"之规定,可以认定某学校是从事非营利性社会服务活动的社会服务机构,因其经民政部门依法登记成立,故取得捐助法人资格。《民法总则》在第九十四条有关捐助法人中规定了捐助人有权向捐助法人查询捐助财产的使用、管理情况,并提出意见和建议,捐助法人应当及时、如实答复。而陈金某在起诉时作为某学校的举办者也即捐助人,其有权根据该规定向某学校查询捐助财产的使用、管理情况。

第九条 慈善组织条件

慈善组织应当符合下列条件:
(一)以开展慈善活动为宗旨;
(二)不以营利为目的;
(三)有自己的名称和住所;
(四)有组织章程;
(五)有必要的财产;
(六)有符合条件的组织机构和负责人;
(七)法律、行政法规规定的其他条件。

● **行政法规及文件**

1. 《**基金会管理条例**》(2004年3月8日)

　　第8条　设立基金会,应当具备下列条件:

　　(一) 为特定的公益目的而设立;

　　(二) 全国性公募基金会的原始基金不低于800万元人民币,地方性公募基金会的原始基金不低于400万元人民币,非公募基金会的原始基金不低于200万元人民币;原始基金必须为到账货币资金;

　　(三) 有规范的名称、章程、组织机构以及与其开展活动相适应的专职工作人员;

　　(四) 有固定的住所;

　　(五) 能够独立承担民事责任。

2. 《**社会团体登记管理条例**》(2016年2月6日)

　　第10条　成立社会团体,应当具备下列条件:

　　(一) 有50个以上的个人会员或者30个以上的单位会员;个人会员、单位会员混合组成的,会员总数不得少于50个;

　　(二) 有规范的名称和相应的组织机构;

　　(三) 有固定的住所;

　　(四) 有与其业务活动相适应的专职工作人员;

　　(五) 有合法的资产和经费来源,全国性的社会团体有10万元以上活动资金,地方性的社会团体和跨行政区域的社会团体有3万元以上活动资金;

　　(六) 有独立承担民事责任的能力。

　　社会团体的名称应当符合法律、法规的规定,不得违背社会道德风尚。社会团体的名称应当与其业务范围、成员分布、活动地域相一致，准确反映其特征。全国性的社会团体的名称冠以"中国"、"全国"、"中华"等字样的，应当按照国家有关规定经过批准，地方性的社会团体的名称不得冠以"中国"、"全国"、"中华"等字样。

● 部门规章及文件

3.《慈善组织认定办法》（2016年8月31日）

第1条 为了规范慈善组织认定工作，根据《中华人民共和国慈善法》（以下简称《慈善法》）的规定，制定本办法。

第2条 《慈善法》公布前已经设立的基金会、社会团体、社会服务机构等非营利性组织，申请认定为慈善组织，适用本办法。

第3条 县级以上人民政府民政部门对其登记的基金会、社会团体、社会服务机构进行慈善组织认定。

第4条 基金会、社会团体、社会服务机构申请认定为慈善组织，应当符合下列条件：

（一）申请时具备相应的社会组织法人登记条件；

（二）以开展慈善活动为宗旨，业务范围符合《慈善法》第三条的规定；申请时的上一年度慈善活动的年度支出和管理费用符合国务院民政部门关于慈善组织的规定；

（三）不以营利为目的，收益和营运结余全部用于章程规定的慈善目的；财产及其孳息没有在发起人、捐赠人或者本组织成员中分配；章程中有关于剩余财产转给目的相同或者相近的其他慈善组织的规定；

（四）有健全的财务制度和合理的薪酬制度；

（五）法律、行政法规规定的其他条件。

第5条 有下列情形之一的，不予认定为慈善组织：

（一）有法律法规和国家政策规定的不得担任慈善组织负责人的情形的；

（二）申请前二年内受过行政处罚的；

（三）申请时被民政部门列入异常名录的；

（四）有其他违反法律法规和国家政策行为的。

第6条 申请认定为慈善组织，社会团体应当经会员（代表）大会表决通过，基金会、社会服务机构应当经理事会表决通过；有业务主管单位的，还应当经业务主管单位同意。

第7条 申请认定慈善组织的基金会，应当向民政部门提交下列材料：

（一）申请书；

（二）符合本办法第四条规定以及不存在第五条所列情形的书面承诺；

（三）按照本办法第六条规定召开会议形成的会议纪要。

申请认定为慈善组织的社会团体、社会服务机构，除前款规定的材料外，还应当向民政部门提交下列材料：

（一）关于申请理由、慈善宗旨、开展慈善活动等情况的说明；

（二）注册会计师出具的上一年度财务审计报告，含慈善活动年度支出和管理费用的专项审计。

有业务主管单位的，还应当提交业务主管单位同意的证明材料。

第8条 民政部门自收到全部有效材料后，应当依法进行审核。

情况复杂的，民政部门可以征求有关部门意见或者通过论证会、听证会等形式听取意见，也可以根据需要对该组织进行实地考察。

第9条　民政部门应当自受理申请之日起二十日内作出决定。符合慈善组织条件的，予以认定并向社会公告；不符合慈善组织条件的，不予认定并书面说明理由。

第10条　认定为慈善组织的基金会、社会团体、社会服务机构，由民政部门换发登记证书，标明慈善组织属性。

慈善组织符合税收法律法规规定条件的，依照税法规定享受税收优惠。

第11条　基金会、社会团体、社会服务机构在申请时弄虚作假的，由民政部门撤销慈善组织的认定，将该组织及直接责任人纳入信用记录，并向社会公布。

对出具虚假审计报告的注册会计师及其所属的会计师事务所，由民政部门通报有关部门。

第12条　本办法由民政部负责解释。

第13条　本办法自2016年9月1日起施行。

第十条　慈善组织登记和认定程序

> 设立慈善组织，应当向县级以上人民政府民政部门申请登记，民政部门应当自受理申请之日起三十日内作出决定。符合本法规定条件的，准予登记并向社会公告；不符合本法规定条件的，不予登记并书面说明理由。
>
> 已经设立的基金会、社会团体、社会服务机构等非营利性组织，可以向办理其登记的民政部门申请认定为慈善

组织，民政部门应当自受理申请之日起二十日内作出决定。符合慈善组织条件的，予以认定并向社会公告；不符合慈善组织条件的，不予认定并书面说明理由。

有特殊情况需要延长登记或者认定期限的，报经国务院民政部门批准，可以适当延长，但延长的期限不得超过六十日。

● **行政法规及文件**

1. 《基金会管理条例》（2004年3月8日）

第11条 登记管理机关应当自收到本条例第九条所列全部有效文件之日起60日内，作出准予或者不予登记的决定。准予登记的，发给《基金会法人登记证书》；不予登记的，应当书面说明理由。

基金会设立登记的事项包括：名称、住所、类型、宗旨、公益活动的业务范围、原始基金数额和法定代表人。

2. 《社会团体登记管理条例》（2016年2月6日）

第12条 登记管理机关应当自收到本条例第十一条所列全部有效文件之日起60日内，作出准予或者不予登记的决定。准予登记的，发给《社会团体法人登记证书》；不予登记的，应当向发起人说明理由。

社会团体登记事项包括：名称、住所、宗旨、业务范围、活动地域、法定代表人、活动资金和业务主管单位。

社会团体的法定代表人，不得同时担任其他社会团体的法定代表人。

第十一条　慈善组织章程

慈善组织的章程，应当符合法律法规的规定，并载明下列事项：

（一）名称和住所；

（二）组织形式；

（三）宗旨和活动范围；

（四）财产来源及构成；

（五）决策、执行机构的组成及职责；

（六）内部监督机制；

（七）财产管理使用制度；

（八）项目管理制度；

（九）终止情形及终止后的清算办法；

（十）其他重要事项。

● 行政法规及文件

1. 《基金会管理条例》（2004年3月8日）

第10条　基金会章程必须明确基金会的公益性质，不得规定使特定自然人、法人或者其他组织受益的内容。

基金会章程应当载明下列事项：

（一）名称及住所；

（二）设立宗旨和公益活动的业务范围；

（三）原始基金数额；

（四）理事会的组成、职权和议事规则，理事的资格、产生程序和任期；

（五）法定代表人的职责；

（六）监事的职责、资格、产生程序和任期；

（七）财务会计报告的编制、审定制度；

（八）财产的管理、使用制度；

（九）基金会的终止条件、程序和终止后财产的处理。

2. 《社会团体登记管理条例》（2016年2月6日）

第14条 社会团体的章程应当包括下列事项：

（一）名称、住所；

（二）宗旨、业务范围和活动地域；

（三）会员资格及其权利、义务；

（四）民主的组织管理制度，执行机构的产生程序；

（五）负责人的条件和产生、罢免的程序；

（六）资产管理和使用的原则；

（七）章程的修改程序；

（八）终止程序和终止后资产的处理；

（九）应当由章程规定的其他事项。

第十二条 慈善组织内部治理和会计制度

慈善组织应当根据法律法规以及章程的规定，建立健全内部治理结构，明确决策、执行、监督等方面的职责权限，开展慈善活动。

慈善组织应当执行国家统一的会计制度，依法进行会计核算，建立健全会计监督制度，并接受政府有关部门的监督管理。

● 行政法规及文件

1. 《基金会管理条例》（2004 年 3 月 8 日）

第 20 条 基金会设理事会，理事为 5 人至 25 人，理事任期由章程规定，但每届任期不得超过 5 年。理事任期届满，连选可以连任。

用私人财产设立的非公募基金会，相互间有近亲属关系的基金会理事，总数不得超过理事总人数的 1/3；其他基金会，具有近亲属关系的不得同时在理事会任职。

在基金会领取报酬的理事不得超过理事总人数的 1/3。

理事会设理事长、副理事长和秘书长，从理事中选举产生，理事长是基金会的法定代表人。

第 21 条 理事会是基金会的决策机构，依法行使章程规定的职权。

理事会每年至少召开 2 次会议。理事会会议须有 2/3 以上理事出席方能召开；理事会决议须经出席理事过半数通过方为有效。

下列重要事项的决议，须经出席理事表决，2/3 以上通过方为有效：

（一）章程的修改；

（二）选举或者罢免理事长、副理事长、秘书长；

（三）章程规定的重大募捐、投资活动；

（四）基金会的分立、合并。

理事会会议应当制作会议记录，并由出席理事审阅、签名。

第 22 条 基金会设监事。监事任期与理事任期相同。理事、理事的近亲属和基金会财会人员不得兼任监事。

监事依照章程规定的程序检查基金会财务和会计资料，监督理事会遵守法律和章程的情况。

监事列席理事会会议,有权向理事会提出质询和建议,并应当向登记管理机关、业务主管单位以及税务、会计主管部门反映情况。

第23条 基金会理事长、副理事长和秘书长不得由现职国家工作人员兼任。基金会的法定代表人,不得同时担任其他组织的法定代表人。公募基金会和原始基金来自中国内地的非公募基金会的法定代表人,应当由内地居民担任。

因犯罪被判处管制、拘役或者有期徒刑,刑期执行完毕之日起未逾5年的,因犯罪被判处剥夺政治权利正在执行期间或者曾经被判处剥夺政治权利的,以及曾在因违法被撤销登记的基金会担任理事长、副理事长或者秘书长,且对该基金会的违法行为负有个人责任,自该基金会被撤销之日起未逾5年的,不得担任基金会的理事长、副理事长或者秘书长。

基金会理事遇有个人利益与基金会利益关联时,不得参与相关事宜的决策;基金会理事、监事及其近亲属不得与其所在的基金会有任何交易行为。

监事和未在基金会担任专职工作的理事不得从基金会获取报酬。

第24条 担任基金会理事长、副理事长或者秘书长的香港居民、澳门居民、台湾居民、外国人以及境外基金会代表机构的负责人,每年在中国内地居留时间不得少于3个月。

第32条 基金会应当执行国家统一的会计制度,依法进行会计核算、建立健全内部会计监督制度。

2.《社会团体登记管理条例》(2016年2月6日)

第27条 社会团体必须执行国家规定的财务管理制度,接受财政部门的监督；资产来源属于国家拨款或者社会捐赠、资助的，还应当接受审计机关的监督。

社会团体在换届或者更换法定代表人之前，登记管理机关、业务主管单位应当组织对其进行财务审计。

第十三条　年度工作报告和财务会计报告

慈善组织应当每年向办理其登记的民政部门报送年度工作报告和财务会计报告。报告应当包括年度开展募捐和接受捐赠、慈善财产的管理使用、慈善项目实施、募捐成本、慈善组织工作人员工资福利以及与境外组织或者个人开展合作等情况。

● 法　律

1.《会计法》（2017 年 11 月 4 日）

第 5 条　会计机构、会计人员依照本法规定进行会计核算，实行会计监督。

任何单位或者个人不得以任何方式授意、指使、强令会计机构、会计人员伪造、变造会计凭证、会计帐簿和其他会计资料，提供虚假财务会计报告。

任何单位或者个人不得对依法履行职责、抵制违反本法规定行为的会计人员实行打击报复。

第 9 条　各单位必须根据实际发生的经济业务事项进行会计核算，填制会计凭证，登记会计帐簿，编制财务会计报告。

任何单位不得以虚假的经济业务事项或者资料进行会计核算。

第 13 条　会计凭证、会计帐簿、财务会计报告和其他会计资料，必须符合国家统一的会计制度的规定。

使用电子计算机进行会计核算的，其软件及其生成的会计凭证、会计帐簿、财务会计报告和其他会计资料，也必须符合国家统一的会计制度的规定。

任何单位和个人不得伪造、变造会计凭证、会计帐簿及其他会计资料，不得提供虚假的财务会计报告。

● **行政法规及文件**

2. **《基金会管理条例》**（2004年3月8日）

第36条 基金会、境外基金会代表机构应当于每年3月31日前向登记管理机关报送上一年度工作报告，接受年度检查。年度工作报告在报送登记管理机关前应当经业务主管单位审查同意。

年度工作报告应当包括：财务会计报告、注册会计师审计报告，开展募捐、接受捐赠、提供资助等活动的情况以及人员和机构的变动情况等。

3. **《社会团体登记管理条例》**（2016年2月6日）

第31条 社会团体的活动违反其他法律、法规的，由有关国家机关依法处理；有关国家机关认为应当撤销登记的，由登记管理机关撤销登记。

● **部门规章及文件**

4. **《〈民间非营利组织会计制度〉若干问题的解释》**（2020年6月15日）

一、关于社会服务机构等非营利组织的会计核算

根据《民间非营利组织会计制度》（财会〔2004〕7号，以

下简称《民非制度》)第二条规定,同时具备《民非制度》第二条第二款所列三项特征的非营利性民办学校、医疗机构等社会服务机构,境外非政府组织在中国境内依法登记设立的代表机构应当按照《民非制度》进行会计核算。

二、关于接受非现金资产捐赠

(一)对于民间非营利组织接受捐赠的存货、固定资产等非现金资产,应当按照《民非制度》第十六条的规定确定其入账价值。

(二)对于以公允价值作为其入账价值的非现金资产,民间非营利组织应当按照《民非制度》第十七条所规定的顺序确定公允价值。

《民非制度》第十七条第一款第(一)项规定的"市场价格",一般指取得资产当日捐赠方自产物资的出厂价、捐赠方所销售物资的销售价、政府指导价、知名大型电商平台同类或者类似商品价格等。

《民非制度》第十七条第一款第(二)项规定的"合理的计价方法",包括由第三方机构进行估价等。

(三)对于民间非营利组织接受非现金资产捐赠时发生的应归属于其自身的相关税费、运输费等,应当计入当期费用,借记"筹资费用"科目,贷记"银行存款"等科目。

(四)民间非营利组织接受捐赠资产的有关凭据或公允价值以外币计量的,应当按照取得资产当日的市场汇率将外币金额折算为人民币金额记账。当汇率波动较小时,也可以采用当期期初的汇率进行折算。

三、关于受托代理业务

(一)《民非制度》第四十八条规定的"受托代理业务"是

指有明确的转赠或者转交协议，或者虽然无协议但同时满足以下条件的业务：

1. 民间非营利组织在取得资产的同时即产生了向具体受益人转赠或转交资产的现时义务，不会导致自身净资产的增加。

2. 民间非营利组织仅起到中介而非主导发起作用，帮助委托人将资产转赠或转交给指定的受益人，并且没有权利改变受益人，也没有权利改变资产的用途。

3. 委托人已明确指出了具体受益人个人的姓名或受益单位的名称，包括从民间非营利组织提供的名单中指定一个或若干个受益人。

（二）民间非营利组织从事受托代理业务时发生的应归属于其自身的相关税费、运输费等，应当计入当期费用，借记"其他费用"科目，贷记"银行存款"等科目。

四、关于长期股权投资

（一）对于因接受股权捐赠形成的表决权、分红权与股权比例不一致的长期股权投资，民间非营利组织应当根据《民非制度》第二十七条的规定，并结合经济业务实质判断是否对被投资单位具有控制、共同控制或重大影响关系。

（二）民间非营利组织因对外投资对被投资单位具有控制权的，应当按照《民非制度》第二十七条的规定采用权益法进行核算，并在会计报表附注中披露投资净损益和被投资单位财务状况、经营成果等信息。

五、关于限定性净资产

（一）《民非制度》第五十六条规定的限定性净资产中所称的"限制"，是指由民间非营利组织之外的资产提供者或者国家有关法律、行政法规所设置的。该限制只有在比民间非营利组织的宗旨、目的或章程等关于资产使用的要求更为具体明确时，才能成为《民非制度》所称的"限制"。

（二）民间非营利组织应当根据《民非制度》第五十七条的规定，区分以下限制解除的不同情况，确定将限定性净资产转为非限定性净资产的金额：

1. 对于因资产提供者或者国家有关法律、行政法规要求在收到资产后的特定时期之内使用该项资产而形成的限定性净资产，应当在相应期间之内按照实际使用的相关资产金额转为非限定性净资产。

2. 对于因资产提供者或者国家有关法律、行政法规要求在收到资产后的特定日期之后使用该项资产而形成的限定性净资产，应当在该特定日期全额转为非限定性净资产。

3. 对于因资产提供者或者国家有关法律、行政法规设置用途限制而形成的限定性净资产，应当在使用时按照实际用于规定用途的相关资产金额转为非限定性净资产。

其中，对固定资产、无形资产仅设置用途限制的，应当自取得该资产开始，按照计提折旧或计提摊销的金额，分期将相关限定性净资产转为非限定性净资产。在处置固定资产、无形资产时，应当将尚未重分类的相关限定性净资产全额转为非限定性净资产。

4. 如果资产提供者或者国家有关法律、行政法规要求民间非营利组织在特定时期之内或特定日期之后将限定性净资产用于特定用途，应当在相应期间之内或相应日期之后按照实际用于规定用途的相关资产金额转为非限定性净资产。

其中，要求在收到固定资产、无形资产后的某个特定时期之内将该项资产用于特定用途的，应当在该规定时期内，对相关限定性净资产金额按期平均分摊，转为非限定性净资产。

要求在收到固定资产、无形资产后的某个特定日期之后将该项资产用于特定用途的，应当在特定日期之后，自资产用于规定用途开始，在资产预计剩余使用年限内，对相关限定性净资产金额按期平均分摊，转为非限定性净资产。

与限定性净资产相关的固定资产、无形资产，应当按照《民非制度》规定计提折旧或计提摊销。

5. 对于资产提供者或者国家有关法律、行政法规撤销对限定性净资产所设置限制的，应当在撤销时全额转为非限定性净资产。

（三）资产提供者或者国家有关法律、行政法规对以前期间未设置限制的资产增加限制时，应当将相关非限定性净资产转为限定性净资产，借记"非限定性净资产"科目，贷记"限定性净资产"科目。

六、关于注册资金

（一）执行《民非制度》的社会团体、基金会、社会服务机构设立时取得的注册资金，应当直接计入净资产。注册资金的使用受到时间限制或用途限制的，在取得时直接计入限定性净资产；其使用没有受到时间限制和用途限制的，在取得时直接计入非限定性净资产。

前款规定的注册资金，应当在现金流量表"收到的其他与业务活动有关的现金"项目中填列。

（二）社会团体、基金会、社会服务机构变更登记注册资金属于自愿采取的登记事项变更，并不引起资产和净资产的变动，无需进行会计处理。

七、关于承接政府购买服务取得的收入

按照《民非制度》第五十九条的规定，民间非营利组织承接政府购买服务属于交换交易，取得的相关收入应当记入"提供服务收入"等收入类科目，不应当记入"政府补助收入"科目。

八、关于存款利息

民间非营利组织取得的存款利息，属于《民非制度》第三十五条规定的"为购建固定资产而发生的专门借款"产生且在"允许资本化的期间内"的，应当冲减在建工程成本；除此以外的存款利息应当计入其他收入。

九、关于境外非政府组织代表机构的总部拨款收入

（一）执行《民非制度》的境外非政府组织代表机构（下同）应当增设"4701 总部拨款收入"科目，核算从其总部取得的拨款收入。

（二）境外非政府组织代表机构取得总部拨款收入时，按照取得的金额，借记"现金"、"银行存款"等科目，贷记本科目。

（三）期末，将本科目本期发生额转入非限定性净资产，借记本科目，贷记"非限定性净资产"科目。

如果存在限定性总部拨款收入，则应当在本科目设置"限定性收入"、"非限定收入"明细科目，在期末将"限定性收入"明细科目本期发生额转入限定性净资产。

（四）境外非政府组织代表机构应当在业务活动表收入部分"投资收益"项目与"其他收入"项目之间增加"总部拨款收

入"项目。本项目应当根据"总部拨款收入"科目的本期发生额填列。

十、关于资产减值损失

（一）按照《民非制度》第七十一条第（六）项规定，会计报表附注应当披露"重大资产减值情况的说明"。民间非营利组织应当在"管理费用"科目下设置"资产减值损失"明细科目，核算因提取资产减值准备而确认的资产减值损失。

（二）长期投资、固定资产、无形资产的资产减值损失一经确认，在以后会计期间不得转回。

十一、关于出资设立其他民间非营利组织

（一）民间非营利组织按规定出资设立其他民间非营利组织，不属于《民非制度》规定的长期股权投资，应当计入当期费用。设立与实现本组织业务活动目标相关的民间非营利组织的，相关出资金额记入"业务活动成本"科目；设立与实现本组织业务活动目标不相关的民间非营利组织的，相关出资金额记入"其他费用"科目。

（二）本解释施行前民间非营利组织出资设立其他民间非营利组织并将出资金额计入长期股权投资的，应当自本解释施行之日，将原"长期股权投资"科目余额中对其他民间非营利组织的出资金额转入"非限定性净资产"科目（以前年度出资）或"业务活动成本"、"其他费用"科目（本年度出资）。

十二、关于关联方关系及其交易的披露

民间非营利组织与关联方发生关联方交易的，应当按照《民非制度》第七十一条第（十一）项规定，在会计报表附注中披露该关联方关系的性质、交易类型及交易要素。

（一）本解释所称的交易要素，至少应当包括：

1. 交易的金额。

2. 未结算项目的金额、条款和条件。

3. 未结算应收项目的坏账准备金额。

4. 定价政策。

（二）本解释所称关联方，是指一方控制、共同控制另一方或对另一方施加重大影响，以及两方或两方以上同受一方控制、共同控制或重大影响的相关各方。以下各方构成民间非营利组织的关联方：

1. 该民间非营利组织的设立人及其所属企业集团的其他成员单位。

2. 该民间非营利组织控制、共同控制或施加重大影响的企业。

3. 该民间非营利组织设立的其他民间非营利组织。

4. 由该民间非营利组织的设立人及其所属企业集团的其他成员单位共同控制或施加重大影响的企业。

5. 由该民间非营利组织的设立人及其所属企业集团的其他成员单位设立的其他民间非营利组织。

6. 该民间非营利组织的关键管理人员及与其关系密切的家庭成员。关键管理人员，是指有权力并负责计划、指挥和控制民间非营利组织活动的人员。与关键管理人员关系密切的家庭成员，是指在处理与该组织的交易时可能影响该个人或受该个人影响的家庭成员。关键管理人员一般包括：民间非营利组织负责人、理事、监事、分支（代表）机构负责人等。

7. 该民间非营利组织的关键管理人员或与其关系密切的家庭

成员控制、共同控制或施加重大影响的企业。

8. 该民间非营利组织的关键管理人员或与其关系密切的家庭成员设立的其他民间非营利组织。

此外,以面向社会开展慈善活动为宗旨的民间非营利组织(包括社会团体、基金会、社会服务机构等),与《中华人民共和国慈善法》所规定的主要捐赠人也构成关联方。

(三)本解释所称关联方交易,是指关联方之间转移资源、劳务或义务的行为,而不论是否收取价款。关联方交易的类型通常包括以下各项:

1. 购买或销售商品及其他资产。

2. 提供或接受劳务。

3. 提供或接受捐赠。

4. 提供资金。

5. 租赁。

6. 代理。

7. 许可协议。

8. 代表民间非营利组织或由民间非营利组织代表另一方进行债务结算。

9. 关键管理人员薪酬。

十三、关于生效日期

本解释自公布之日起施行。

第十四条 关联交易

慈善组织的发起人、主要捐赠人以及管理人员,不得利用其关联关系损害慈善组织、受益人的利益和社会公共利益。

> 慈善组织的发起人、主要捐赠人以及管理人员与慈善组织发生交易行为的，不得参与慈善组织有关该交易行为的决策，有关交易情况应当向社会公开。

● **法　律**

1. **《公益事业捐赠法》**（1999年6月28日）

第10条　公益性社会团体和公益性非营利的事业单位可以依照本法接受捐赠。

本法所称公益性社会团体是指依法成立的，以发展公益事业为宗旨的基金会、慈善组织等社会团体。

本法所称公益性非营利的事业单位是指依法成立的，从事公益事业的不以营利为目的的教育机构、科学研究机构、医疗卫生机构、社会公共文化机构、社会公共体育机构和社会福利机构等。

● **行政法规及文件**

2. **《基金会管理条例》**（2004年3月8日）

第23条　基金会理事长、副理事长和秘书长不得由现职国家工作人员兼任。基金会的法定代表人，不得同时担任其他组织的法定代表人。公募基金会和原始基金来自中国内地的非公募基金会的法定代表人，应当由内地居民担任。

因犯罪被判处管制、拘役或者有期徒刑，刑期执行完毕之日起未逾5年的，因犯罪被判处剥夺政治权利正在执行期间或者曾经被判处剥夺政治权利的，以及曾在因违法被撤销登记的基金会担任理事长、副理事长或者秘书长，且对该基金会的违法行为负有个人责任，自该基金会被撤销之日起未逾5年的，不得担任基金会的理事长、副理事长或者秘书长。

基金会理事遇有个人利益与基金会利益关联时，不得参与相关事宜的决策；基金会理事、监事及其近亲属不得与其所在的基金会有任何交易行为。

监事和未在基金会担任专职工作的理事不得从基金会获取报酬。

第十五条　慈善组织禁止事项

慈善组织不得从事、资助危害国家安全和社会公共利益的活动，不得接受附加违反法律法规和违背社会公德条件的捐赠，不得对受益人附加违反法律法规和违背社会公德的条件。

● 法　律

1. 《**民法典**》（2020 年 5 月 28 日）

第 132 条　民事主体不得滥用民事权利损害国家利益、社会公共利益或者他人合法权益。

2. 《**国家安全法**》（2015 年 7 月 1 日）

第 11 条　中华人民共和国公民、一切国家机关和武装力量、各政党和各人民团体、企业事业组织和其他社会组织，都有维护国家安全的责任和义务。

中国的主权和领土完整不容侵犯和分割。维护国家主权、统一和领土完整是包括港澳同胞和台湾同胞在内的全中国人民的共同义务。

3. 《**公益事业捐赠法**》（1999 年 6 月 28 日）

第 6 条　捐赠应当遵守法律、法规，不得违背社会公德，不得损害公共利益和其他公民的合法权益。

第十六条　不得担任慈善组织负责人情形

有下列情形之一的，不得担任慈善组织的负责人：

（一）无民事行为能力或者限制民事行为能力的；

（二）因故意犯罪被判处刑罚，自刑罚执行完毕之日起未逾五年的；

（三）在被吊销登记证书或者被取缔的组织担任负责人，自该组织被吊销登记证书或者被取缔之日起未逾五年的；

（四）法律、行政法规规定的其他情形。

● 行政法规及文件

《基金会管理条例》（2004年3月8日）

第23条　基金会理事长、副理事长和秘书长不得由现职国家工作人员兼任。基金会的法定代表人，不得同时担任其他组织的法定代表人。公募基金会和原始基金来自中国内地的非公募基金会的法定代表人，应当由内地居民担任。

因犯罪被判处管制、拘役或者有期徒刑，刑期执行完毕之日起未逾5年的，因犯罪被判处剥夺政治权利正在执行期间或者曾经被判处剥夺政治权利的，以及曾在因违法被撤销登记的基金会担任理事长、副理事长或者秘书长，且对该基金会的违法行为负有个人责任，自该基金会被撤销之日起未逾5年的，不得担任基金会的理事长、副理事长或者秘书长。

基金会理事遇有个人利益与基金会利益关联时，不得参与相关事宜的决策；基金会理事、监事及其近亲属不得与其所在的基金会有任何交易行为。

监事和未在基金会担任专职工作的理事不得从基金会获取报酬。

第十七条　慈善组织终止情形

慈善组织有下列情形之一的，应当终止：
（一）出现章程规定的终止情形的；
（二）因分立、合并需要终止的；
（三）连续二年未从事慈善活动的；
（四）依法被撤销登记或者吊销登记证书的；
（五）法律、行政法规规定应当终止的其他情形。

第十八条　慈善组织的清算程序

慈善组织终止，应当进行清算。

慈善组织的决策机构应当在本法第十七条规定的终止情形出现之日起三十日内成立清算组进行清算，并向社会公告。不成立清算组或者清算组不履行职责的，办理其登记的民政部门可以申请人民法院指定有关人员组成清算组进行清算。

慈善组织清算后的剩余财产，应当按照慈善组织章程的规定转给宗旨相同或者相近的慈善组织；章程未规定的，由办理其登记的民政部门主持转给宗旨相同或者相近的慈善组织，并向社会公告。

慈善组织清算结束后，应当向办理其登记的民政部门办理注销登记，并由民政部门向社会公告。

● **行政法规及文件**

《基金会管理条例》（2004年3月8日）

第23条 基金会理事长、副理事长和秘书长不得由现职国家工作人员兼任。基金会的法定代表人，不得同时担任其他组织的法定代表人。公募基金会和原始基金来自中国内地的非公募基金会的法定代表人，应当由内地居民担任。

因犯罪被判处管制、拘役或者有期徒刑，刑期执行完毕之日起未逾5年的，因犯罪被判处剥夺政治权利正在执行期间或者曾经被判处剥夺政治权利的，以及曾在因违法被撤销登记的基金会担任理事长、副理事长或者秘书长，且对该基金会的违法行为负有个人责任，自该基金会被撤销之日起未逾5年的，不得担任基金会的理事长、副理事长或者秘书长。

基金会理事遇有个人利益与基金会利益关联时，不得参与相关事宜的决策；基金会理事、监事及其近亲属不得与其所在的基金会有任何交易行为。

监事和未在基金会担任专职工作的理事不得从基金会获取报酬。

第十九条 慈善行业组织

慈善组织依法成立行业组织。

慈善行业组织应当反映行业诉求，推动行业交流，提高慈善行业公信力，促进慈善事业发展。

● 行政法规及文件

《国务院关于促进慈善事业健康发展的指导意见》（2014年11月24日）

四、加强对慈善组织和慈善活动的监督管理

（一）加强政府有关部门的监督管理。

民政部门要严格执行慈善组织年检制度和评估制度。要围绕慈善组织募捐活动、财产管理和使用、信息公开等内容，建立健全并落实日常监督检查制度、重大慈善项目专项检查制度、慈善组织及其负责人信用记录制度，并依法对违法违规行为进行处罚。财政、税务部门要依法对慈善组织的财务会计、享受税收优惠和使用公益事业捐赠统一票据等情况进行监督管理。其他政府部门要在各自职责范围内对慈善组织和慈善活动进行监督管理。

（二）公开监督管理信息。民政部门要通过信息网站等途径向社会公开慈善事业发展和慈善组织、慈善活动相关信息，具体包括各类慈善组织名单及其设立、变更、评估、年检、注销、撤销登记信息和政府扶持鼓励政策措施、购买社会组织服务信息、受奖励及处罚信息、本行政区域慈善事业发展年度统计信息以及依法应当公开的其他信息。

（三）强化慈善行业自律。要推动建立慈善领域联合型、行业性组织，建立健全行业标准和行为准则，增强行业自我约束、自我管理、自我监督能力。鼓励第三方专业机构根据民政部门委托，按照民政部门制定的评估规程和评估指标，对慈善组织开展评估。相关政府部门要将评估结果作为政府购买服务、评选表彰的参考依据。

（四）加强社会监督。畅通社会公众对慈善活动中不良行为的投诉举报渠道，任何单位或个人发现任何组织或个人在慈善活动中有违法违规行为的，可以向该组织或个人所属的慈善领域联合型、行业性组织投诉，或向民政部门及其他政府部门举报。相关行业性组织要依据行业自律规则，在职责范围内及时协调处理投诉事宜。相关政府部门要在各自职责范围内及时调查核实，情况属实的要依法查处。切实保障捐赠人对捐赠财产使用情况的监督权利，捐赠人对慈善组织、其他受赠主体和受益人使用捐赠财产持有异议的，除向有关方面投诉举报外，还可以依法向人民法院提起诉讼。支持新闻媒体对慈善组织、慈善活动进行监督，对违法违规及不良现象和行为进行曝光，充分发挥舆论监督作用。

（五）建立健全责任追究制度。民政部门作为慈善事业主管部门，要会同有关部门建立健全责任追究制度。对慈善组织按照"谁登记、谁管理"的原则，由批准登记的民政部门会同有关部门对其违规开展募捐活动、违反约定使用捐赠款物、拒不履行信息公开责任、资助或从事危害国家安全和公共利益活动等违法违规行为依法进行查处；对于慈善组织或其负责人的负面信用记录，要予以曝光。对其他社会组织和个人按照属地管辖的原则，由所在地的民政部门会同有关部门对其以慈善为名组织实施的违反法律法规、违背公序良俗的行为和无正当理由拒不兑现或不完全兑现捐赠承诺、以诽谤造谣等方式损害慈善组织及其从业人员声誉等其他违法违规行为依法及时查处。对政府有关部门及其工作人员滥用职权、徇私舞弊或者玩忽职守、敷衍塞责造成严重后果的，要依法追究责任。

第二十条　授权规定

> 慈善组织的组织形式、登记管理的具体办法由国务院制定。

● 行政法规及文件

《国务院关于促进慈善事业健康发展的指导意见》（2014年11月24日）

三、培育和规范各类慈善组织

慈善组织是现代慈善事业的重要主体，大力发展各类慈善组织，规范慈善组织行为、确保慈善活动公开透明，是促进慈善事业健康发展的有效保证。

（一）鼓励兴办慈善组织。优先发展具有扶贫济困功能的各类慈善组织。积极探索培育网络慈善等新的慈善形态，引导和规范其健康发展。稳妥推进慈善组织直接登记，逐步下放符合条件的慈善组织登记管理权限。地方政府和社会力量可通过实施公益创投等多种方式，为初创期慈善组织提供资金支持和能力建设服务。要加快出台有关措施，以扶贫济困类项目为重点，加大政府财政资金向社会组织购买服务力度。

（二）切实加强慈善组织自我管理。慈善组织要建立健全内部治理结构，完善决策、执行、监督制度和决策机构议事规则，加强内部控制和内部审计，确保人员、财产、慈善活动按照组织章程有序运作。基金会工作人员工资福利和行政办公支出等管理成本不得超过当年总支出的10%，其他慈善组织的管理成本可参照基金会执行。列入管理成本的支出类别按民政部规定执行。捐赠协议约定从捐赠财产中列支管理成本的，可按照约定执行。

（三）依法依规开展募捐活动。引导慈善组织重点围绕扶贫济困开展募捐活动。具有公募资格的慈善组织，面向社会开展的募捐活动应与其宗旨、业务范围相一致；新闻媒体、企事业单位等和不具有公募资格的慈善组织，以慈善名义开展募捐活动的，必须联合具有公募资格的组织进行；广播、电视、报刊及互联网信息服务提供者、电信运营商，应当对利用其平台发起募捐活动的慈善组织的合法性进行验证，包括查验登记证书、募捐主体资格证明材料。慈善组织要加强对募捐活动的管理，向捐赠者开具捐赠票据，开展项目所需成本要按规定列支并向捐赠人说明。任何组织和个人不得以慈善名义敛财。

（四）严格规范使用捐赠款物。慈善组织应将募得款物按照协议或承诺，及时用于相关慈善项目，除不可抗力或捐赠人同意外，不得以任何理由延误。未经捐赠人同意，不得擅自更改款物用途。倡导募用分离，制定有关激励扶持政策，支持在款物募集方面有优势的慈善组织将募得款物用于资助有服务专长的慈善组织运作项目。慈善组织要科学设计慈善项目，优化实施流程，努力降低运行成本，提高慈善资源使用效益。

（五）强化慈善组织信息公开责任。

公开内容。慈善组织应向社会公开组织章程、组织机构代码、登记证书号码、负责人信息、年度工作报告、经审计的财务会计报告和开展募捐、接受捐赠、捐赠款物使用、慈善项目实施、资产保值增值等情况以及依法应当公开的其他信息。信息公开应当真实、准确、完整、及时，不得有虚假记载、误导性陈述或者重大遗漏。对于涉及国家安全、个人隐私等依法不予公开的信息和捐赠人或受益人与慈善组织协议约定不得公开的信息，不得公开。慈善组织不予公开的信息,应当接受政府有关部门的监督检查。

公开时限。慈善组织应及时公开款物募集情况,募捐周期大于6个月的,应当每3个月向社会公开一次,募捐活动结束后3个月内应全面公开;应及时公开慈善项目运作、受赠款物的使用情况,项目运行周期大于6个月的,应当每3个月向社会公开一次,项目结束后3个月内应全面公开。

公开途径。慈善组织应通过自身官方网站或批准其登记的民政部门认可的信息网站进行信息发布;应向社会公开联系方式,及时回应捐赠人及利益相关方的询问。慈善组织应对其公开信息和答复信息的真实性负责。

第三章 慈善募捐

第二十一条 慈善募捐的定义

本法所称慈善募捐,是指慈善组织基于慈善宗旨募集财产的活动。

慈善募捐,包括面向社会公众的公开募捐和面向特定对象的定向募捐。

第二十二条 公开募捐资格

慈善组织开展公开募捐,应当取得公开募捐资格。依法登记满一年的慈善组织,可以向办理其登记的民政部门申请公开募捐资格。民政部门应当自受理申请之日起二十日内作出决定。慈善组织符合内部治理结构健全、运作规范的条件的，发给公开募捐资格证书；不符合条件的，不发给公开募捐资格证书并书面说明理由。

其他法律、行政法规规定可以公开募捐的非营利性组织，由县级以上人民政府民政部门直接发给公开募捐资格证书。

● 部门规章及文件

《慈善组织公开募捐管理办法》（2016年8月31日）

第2条　慈善组织公开募捐资格和公开募捐活动管理，适用本办法。

第3条　依法取得公开募捐资格的慈善组织可以面向公众开展募捐。不具有公开募捐资格的组织和个人不得开展公开募捐。

第4条　县级以上人民政府民政部门依法对其登记的慈善组织公开募捐资格和公开募捐活动进行监督管理，并对本行政区域内涉及公开募捐的有关活动进行监督管理。

第5条　依法登记或者认定为慈善组织满二年的社会组织，申请公开募捐资格，应当符合下列条件：

（一）根据法律法规和本组织章程建立规范的内部治理结构，理事会能够有效决策，负责人任职符合有关规定，理事会成员和负责人勤勉尽职，诚实守信；

（二）理事会成员来自同一组织以及相互间存在关联关系组织的不超过三分之一，相互间具有近亲属关系的没有同时在理事会任职；

（三）理事会成员中非内地居民不超过三分之一，法定代表人由内地居民担任；

（四）秘书长为专职，理事长（会长）、秘书长不得由同一人兼任，有与本慈善组织开展活动相适应的专职工作人员；

（五）在省级以上人民政府民政部门登记的慈善组织有三名以上监事组成的监事会；

（六）依法办理税务登记，履行纳税义务；

（七）按照规定参加社会组织评估，评估结果为3A及以上；

（八）申请时未纳入异常名录；

（九）申请公开募捐资格前二年，未因违反社会组织相关法律法规受到行政处罚，没有其他违反法律、法规、国家政策行为的。

《慈善法》公布前设立的非公募基金会、具有公益性捐赠税前扣除资格的社会团体，登记满二年，经认定为慈善组织的，可以申请公开募捐资格。

第6条 慈善组织申请公开募捐资格，应当向其登记的民政部门提交下列材料：

（一）申请书，包括本组织符合第五条各项条件的具体说明和书面承诺；

（二）注册会计师出具的申请前二年的财务审计报告，包括年度慈善活动支出和年度管理费用的专项审计；

（三）理事会关于申请公开募捐资格的会议纪要。

有业务主管单位的慈善组织，还应当提交经业务主管单位同意的证明材料。

评估等级在4A及以上的慈善组织免于提交第一款第二项、第三项规定的材料。

第7条 民政部门收到全部有效材料后，应当依法进行审核。

情况复杂的，民政部门可以征求有关部门意见或者通过论证会、听证会等形式听取意见，也可以根据需要对该组织进行实地考察。

第 8 条 民政部门应当自受理之日起二十日内作出决定。对符合条件的慈善组织，发给公开募捐资格证书；对不符合条件的，不发给公开募捐资格证书并书面说明理由。

第 9 条 《慈善法》公布前登记设立的公募基金会，凭其标明慈善组织属性的登记证书向登记的民政部门申领公开募捐资格证书。

第二十三条　公开募捐方式和地域管理

开展公开募捐，可以采取下列方式：

（一）在公共场所设置募捐箱；

（二）举办面向社会公众的义演、义赛、义卖、义展、义拍、慈善晚会等；

（三）通过广播、电视、报刊、互联网等媒体发布募捐信息；

（四）其他公开募捐方式。

慈善组织采取前款第一项、第二项规定的方式开展公开募捐的，应当在办理其登记的民政部门管辖区域内进行，确有必要在办理其登记的民政部门管辖区域外进行的，应当报其开展募捐活动所在地的县级以上人民政府民政部门备案。捐赠人的捐赠行为不受地域限制。

41

● **部门规章及文件**

《慈善组织公开募捐管理办法》（2016年8月31日）

第1条 为了规范慈善组织开展公开募捐，根据《中华人民共和国慈善法》（以下简称《慈善法》），制定本办法。

第2条 慈善组织公开募捐资格和公开募捐活动管理，适用本办法。

第3条 依法取得公开募捐资格的慈善组织可以面向公众开展募捐。不具有公开募捐资格的组织和个人不得开展公开募捐。

第4条 县级以上人民政府民政部门依法对其登记的慈善组织公开募捐资格和公开募捐活动进行监督管理，并对本行政区域内涉及公开募捐的有关活动进行监督管理。

第5条 依法登记或者认定为慈善组织满二年的社会组织，申请公开募捐资格，应当符合下列条件：

（一）根据法律法规和本组织章程建立规范的内部治理结构，理事会能够有效决策，负责人任职符合有关规定，理事会成员和负责人勤勉尽职，诚实守信；

（二）理事会成员来自同一组织以及相互间存在关联关系组织的不超过三分之一，相互间具有近亲属关系的没有同时在理事会任职；

（三）理事会成员中非内地居民不超过三分之一，法定代表人由内地居民担任；

（四）秘书长为专职，理事长（会长）、秘书长不得由同一人兼任，有与本慈善组织开展活动相适应的专职工作人员；

（五）在省级以上人民政府民政部门登记的慈善组织有三名以上监事组成的监事会；

（六）依法办理税务登记，履行纳税义务；

（七）按照规定参加社会组织评估，评估结果为3A及以上；

（八）申请时未纳入异常名录；

（九）申请公开募捐资格前二年，未因违反社会组织相关法律法规受到行政处罚，没有其他违反法律、法规、国家政策行为的。

《慈善法》公布前设立的非公募基金会、具有公益性捐赠税前扣除资格的社会团体，登记满二年，经认定为慈善组织的，可以申请公开募捐资格。

第6条 慈善组织申请公开募捐资格，应当向其登记的民政部门提交下列材料：

（一）申请书，包括本组织符合第五条各项条件的具体说明和书面承诺；

（二）注册会计师出具的申请前二年的财务审计报告，包括年度慈善活动支出和年度管理费用的专项审计；

（三）理事会关于申请公开募捐资格的会议纪要。

有业务主管单位的慈善组织，还应当提交经业务主管单位同意的证明材料。

评估等级在4A及以上的慈善组织免于提交第一款第二项、第三项规定的材料。

第7条 民政部门收到全部有效材料后，应当依法进行审核。

情况复杂的，民政部门可以征求有关部门意见或者通过论证会、听证会等形式听取意见，也可以根据需要对该组织进行实地考察。

第8条　民政部门应当自受理之日起二十日内作出决定。对符合条件的慈善组织，发给公开募捐资格证书；对不符合条件的，不发给公开募捐资格证书并书面说明理由。

第9条　《慈善法》公布前登记设立的公募基金会，凭其标明慈善组织属性的登记证书向登记的民政部门申领公开募捐资格证书。

第10条　开展公开募捐活动，应当依法制定募捐方案。募捐方案包括募捐目的、起止时间和地域、活动负责人姓名和办公地址、接受捐赠方式、银行账户、受益人、募得款物用途、募捐成本、剩余财产的处理等。

第11条　慈善组织应当在开展公开募捐活动的十日前将募捐方案报送登记的民政部门备案。材料齐备的，民政部门应当即时受理，对予以备案的向社会公开；对募捐方案内容不齐备的，应当即时告知慈善组织，慈善组织应当在十日内向其登记的民政部门予以补正。

为同一募捐目的开展的公开募捐活动可以合并备案。公开募捐活动进行中，募捐方案的有关事项发生变化的，慈善组织应当在事项发生变化之日起十日内向其登记的民政部门补正并说明理由。

有业务主管单位的慈善组织，还应当同时将募捐方案报送业务主管单位。

开展公开募捐活动，涉及公共安全、公共秩序、消防等事项的，还应当按照其他有关规定履行批准程序。

第12条　慈善组织为应对重大自然灾害、事故灾难和公共卫生事件等突发事件，无法在开展公开募捐活动前办理募捐方案备案的，应当在公开募捐活动开始后十日内补办备案手续。

第13条 慈善组织在其登记的民政部门管辖区域外，以《慈善法》第二十三条第一款第一项、第二项方式开展公开募捐活动的，除向其登记的民政部门备案外，还应当在开展公开募捐活动十日前，向其开展募捐活动所在地的县级人民政府民政部门备案，提交募捐方案、公开募捐资格证书复印件、确有必要在当地开展公开募捐活动的情况说明。

第14条 慈善组织开展公开募捐活动应当按照本组织章程载明的宗旨和业务范围，确定明确的募捐目的和捐赠财产使用计划；应当履行必要的内部决策程序；应当使用本组织账户，不得使用个人和其他组织的账户；应当建立公开募捐信息档案，妥善保管、方便查阅。

第15条 慈善组织开展公开募捐活动，应当在募捐活动现场或者募捐活动载体的显著位置，公布本组织名称、公开募捐资格证书、募捐方案、联系方式、募捐信息查询方法等。

第16条 慈善组织通过互联网开展公开募捐活动的，应当在民政部统一或者指定的慈善信息平台发布公开募捐信息，并可以同时在以本慈善组织名义开通的门户网站、官方微博、官方微信、移动客户端等网络平台发布公开募捐信息。

第17条 具有公开募捐资格的慈善组织与不具有公开募捐资格的组织或者个人合作开展公开募捐活动，应当依法签订书面协议，使用具有公开募捐资格的慈善组织名义开展公开募捐活动；募捐活动的全部收支应当纳入该慈善组织的账户，由该慈善组织统一进行财务核算和管理，并承担法律责任。

第18条 慈善组织为急难救助设立慈善项目，开展公开募捐活动时，应当坚持公开、公平、公正的原则，合理确定救助标准，监督受益人珍惜慈善资助，按照募捐方案的规定合理使用捐赠财产。

第19条 慈善组织应当加强对募得捐赠财产的管理，依据法律法规、章程规定和募捐方案使用捐赠财产。确需变更募捐方案规定的捐赠财产用途的，应当召开理事会进行审议，报其登记的民政部门备案，并向社会公开。

第20条 慈善组织应当依照有关规定定期将公开募捐情况和慈善项目实施情况向社会公开。

第21条 具有公开募捐资格的慈善组织有下列情形之一的，由登记的民政部门纳入活动异常名录并向社会公告：

（一）不符合本办法第五条规定条件的；

（二）连续六个月不开展公开募捐活动的。

第22条 慈善组织被依法撤销公开募捐资格的，应当立即停止公开募捐活动并将相关情况向社会公开。

出现前款规定情形的，民政部门应当及时向社会公告。

第23条 慈善组织有下列情形之一的，民政部门可以给予警告、责令限期改正：

（一）伪造、变造、出租、出借公开募捐资格证书的；

（二）未依照本办法进行备案的；

（三）未按照募捐方案确定的时间、期限、地域范围、方式进行募捐的；

（四）开展公开募捐未在募捐活动现场或者募捐活动载体的显著位置公布募捐活动信息的；

（五）开展公开募捐取得的捐赠财产未纳入慈善组织统一核

算和账户管理的；

（六）其他违反本办法情形的。

第 24 条 公开募捐资格证书、公开募捐方案范本等格式文本，由民政部统一制定。

第二十四条　公开募捐方案

开展公开募捐，应当制定募捐方案。募捐方案包括募捐目的、起止时间和地域、活动负责人姓名和办公地址、接受捐赠方式、银行账户、受益人、募得款物用途、募捐成本、剩余财产的处理等。

募捐方案应当在开展募捐活动前报慈善组织登记的民政部门备案。

● **行政法规及文件**

《基金会管理条例》（2004 年 3 月 8 日）

第 25 条 基金会组织募捐、接受捐赠，应当符合章程规定的宗旨和公益活动的业务范围。境外基金会代表机构不得在中国境内组织募捐、接受捐赠。

公募基金会组织募捐，应当向社会公布募得资金后拟开展的公益活动和资金的详细使用计划。

● **部门规章及文件**

《慈善组织公开募捐管理办法》（2016 年 8 月 31 日）

第 10 条 开展公开募捐活动，应当依法制定募捐方案。募捐方案包括募捐目的、起止时间和地域、活动负责人姓名和办公地址、接受捐赠方式、银行账户、受益人、募得款物用途、募捐成本、剩余财产的处理等。

第 11 条 慈善组织应当在开展公开募捐活动的十日前将募捐方案报送登记的民政部门备案。材料齐备的,民政部门应当即时受理,对予以备案的向社会公开;对募捐方案内容不齐备的,应当即时告知慈善组织,慈善组织应当在十日内向其登记的民政部门予以补正。

为同一募捐目的开展的公开募捐活动可以合并备案。公开募捐活动进行中,募捐方案的有关事项发生变化的,慈善组织应当在事项发生变化之日起十日内向其登记的民政部门补正并说明理由。

有业务主管单位的慈善组织,还应当同时将募捐方案报送业务主管单位。

开展公开募捐活动,涉及公共安全、公共秩序、消防等事项的,还应当按照其他有关规定履行批准程序。

第 12 条 慈善组织为应对重大自然灾害、事故灾难和公共卫生事件等突发事件,无法在开展公开募捐活动前办理募捐方案备案的,应当在公开募捐活动开始后十日内补办备案手续。

第 13 条 慈善组织在其登记的民政部门管辖区域外,以《慈善法》第二十三条第一款第一项、第二项方式开展公开募捐活动的,除向其登记的民政部门备案外,还应当在开展公开募捐活动十日前,向其开展募捐活动所在地的县级人民政府民政部门备案,提交募捐方案、公开募捐资格证书复印件、确有必要在当地开展公开募捐活动的情况说明。

第 14 条 慈善组织开展公开募捐活动应当按照本组织章程载明的宗旨和业务范围,确定明确的募捐目的和捐赠财产使用计划；应当履行必要的内部决策程序；应当使用本组织账户，不得使用个人和其他组织的账户；应当建立公开募捐信息档案，妥善保管、方便查阅。

第二十五条　公开募捐信息

开展公开募捐，应当在募捐活动现场或者募捐活动载体的显著位置，公布募捐组织名称、公开募捐资格证书、募捐方案、联系方式、募捐信息查询方法等。

● 部门规章及文件

《慈善组织公开募捐管理办法》（2016 年 8 月 31 日）

第 15 条　慈善组织开展公开募捐活动，应当在募捐活动现场或者募捐活动载体的显著位置，公布本组织名称、公开募捐资格证书、募捐方案、联系方式、募捐信息查询方法等。

第二十六条　合作募捐

不具有公开募捐资格的组织或者个人基于慈善目的，可以与具有公开募捐资格的慈善组织合作，由该慈善组织开展公开募捐，合作方不得以任何形式自行开展公开募捐。具有公开募捐资格的慈善组织应当对合作方进行评估，依法签订书面协议，在募捐方案中载明合作方的相关信息，并对合作方的相关行为进行指导和监督。

具有公开募捐资格的慈善组织负责对合作募得的款物进行管理和会计核算，将全部收支纳入其账户。

● 部门规章及文件

《慈善组织公开募捐管理办法》（2016 年 8 月 31 日）

　　第 17 条　具有公开募捐资格的慈善组织与不具有公开募捐资格的组织或者个人合作开展公开募捐活动，应当依法签订书面协议，使用具有公开募捐资格的慈善组织名义开展公开募捐活动；募捐活动的全部收支应当纳入该慈善组织的账户，由该慈善组织统一进行财务核算和管理，并承担法律责任。

第二十七条　互联网公开募捐

　　慈善组织通过互联网开展公开募捐的，应当在国务院民政部门指定的互联网公开募捐服务平台进行，并可以同时在其网站进行。

　　国务院民政部门指定的互联网公开募捐服务平台，提供公开募捐信息展示、捐赠支付、捐赠财产使用情况查询等服务；无正当理由不得拒绝为具有公开募捐资格的慈善组织提供服务，不得向其收费，不得在公开募捐信息页面插入商业广告和商业活动链接。

● 部门规章及文件

《慈善组织公开募捐管理办法》（2016 年 8 月 31 日）

　　第 16 条　慈善组织通过互联网开展公开募捐活动的，应当在民政部统一或者指定的慈善信息平台发布公开募捐信息，并可以同时在以本慈善组织名义开通的门户网站、官方微博、官方微信、移动客户端等网络平台发布公开募捐信息。

第二十八条　公开募捐平台验证义务

广播、电视、报刊以及网络服务提供者、电信运营商，应当对利用其平台开展公开募捐的慈善组织的登记证书、公开募捐资格证书进行验证。

第二十九条　定向募捐

慈善组织自登记之日起可以开展定向募捐。

慈善组织开展定向募捐，应当在发起人、理事会成员和会员等特定对象的范围内进行，并向募捐对象说明募捐目的、募得款物用途等事项。

● 部门规章及文件

《慈善组织公开募捐管理办法》（2016 年 8 月 31 日）

第 15 条　慈善组织开展公开募捐活动，应当在募捐活动现场或者募捐活动载体的显著位置，公布本组织名称、公开募捐资格证书、募捐方案、联系方式、募捐信息查询方法等。

第三十条　定向募捐的禁止性规定

开展定向募捐，不得采取或者变相采取本法第二十三条规定的方式。

第三十一条　募捐对象知情权

开展募捐活动，应当尊重和维护募捐对象的合法权益，保障募捐对象的知情权，不得通过虚构事实等方式欺骗、诱导募捐对象实施捐赠。

● 部门规章及文件

《慈善组织公开募捐管理办法》（2016年8月31日）

第18条 慈善组织为急难救助设立慈善项目，开展公开募捐活动时，应当坚持公开、公平、公正的原则，合理确定救助标准，监督受益人珍惜慈善资助，按照募捐方案的规定合理使用捐赠财产。

第19条 慈善组织应当加强对募得捐赠财产的管理，依据法律法规、章程规定和募捐方案使用捐赠财产。确需变更募捐方案规定的捐赠财产用途的，应当召开理事会进行审议，报其登记的民政部门备案，并向社会公开。

第20条 慈善组织应当依照有关规定定期将公开募捐情况和慈善项目实施情况向社会公开。

第21条 具有公开募捐资格的慈善组织有下列情形之一的，由登记的民政部门纳入活动异常名录并向社会公告：

（一）不符合本办法第五条规定条件的；

（二）连续六个月不开展公开募捐活动的。

第22条 慈善组织被依法撤销公开募捐资格的，应当立即停止公开募捐活动并将相关情况向社会公开。

出现前款规定情形的，民政部门应当及时向社会公告。

第23条 慈善组织有下列情形之一的，民政部门可以给予警告、责令限期改正：

（一）伪造、变造、出租、出借公开募捐资格证书的；

（二）未依照本办法进行备案的；

（三）未按照募捐方案确定的时间、期限、地域范围、方式进行募捐的；

（四）开展公开募捐未在募捐活动现场或者募捐活动载体的显著位置公布募捐活动信息的；

（五）开展公开募捐取得的捐赠财产未纳入慈善组织统一核算和账户管理的；

（六）其他违反本办法情形的。

第三十二条　开展募捐活动禁止性规定

开展募捐活动，不得摊派或者变相摊派，不得妨碍公共秩序、企业生产经营和居民生活。

第三十三条　禁止虚假慈善

禁止任何组织或者个人假借慈善名义或者假冒慈善组织开展募捐活动，骗取财产。

● 法律

《慈善法》（2023年12月29日）

第124条第1款　个人因疾病等原因导致家庭经济困难，向社会发布求助信息的，求助人和信息发布人应当对信息真实性负责，不得通过虚构、隐瞒事实等方式骗取救助。

第四章　慈善捐赠

第三十四条　慈善捐赠的定义

本法所称慈善捐赠，是指自然人、法人和非法人组织基于慈善目的，自愿、无偿赠与财产的活动。

第三十五条 捐赠方式

　　捐赠人可以通过慈善组织捐赠，也可以直接向受益人捐赠。

第三十六条 捐赠财产

　　捐赠人捐赠的财产应当是其有权处分的合法财产。捐赠财产包括货币、实物、房屋、有价证券、股权、知识产权等有形和无形财产。

　　捐赠人捐赠的实物应当具有使用价值，符合安全、卫生、环保等标准。

　　捐赠人捐赠本企业产品的，应当依法承担产品质量责任和义务。

● 法　律

1.《产品质量法》（2018 年 12 月 29 日）

　　第 42 条　由于销售者的过错使产品存在缺陷，造成人身、他人财产损害的，销售者应当承担赔偿责任。

　　销售者不能指明缺陷产品的生产者也不能指明缺陷产品的供货者的，销售者应当承担赔偿责任。

　　第 43 条　因产品存在缺陷造成人身、他人财产损害的，受害人可以向产品的生产者要求赔偿，也可以向产品的销售者要求赔偿。属于产品的生产者的责任，产品的销售者赔偿的，产品的销售者有权向产品的生产者追偿。属于产品的销售者的责任，产品的生产者赔偿的，产品的生产者有权向产品的销售者追偿。

　　第 44 条　因产品存在缺陷造成受害人人身伤害的，侵害人应当赔偿医疗费、治疗期间的护理费、因误工减少的收入等费用；造成残疾的，还应当支付残疾者生活自助具费、生活补助费、残疾赔偿金以及由其扶养的人所必需的生活费等费用；造成受害人死亡的，并应当支付丧葬费、死亡赔偿金以及由死者生前扶养的人所必需的生活费等费用。

因产品存在缺陷造成受害人财产损失的，侵害人应当恢复原状或者折价赔偿。受害人因此遭受其他重大损失的，侵害人应当赔偿损失。

第45条　因产品存在缺陷造成损害要求赔偿的诉讼时效期间为二年，自当事人知道或者应当知道其权益受到损害时起计算。

因产品存在缺陷造成损害要求赔偿的请求权，在造成损害的缺陷产品交付最初消费者满十年丧失；但是，尚未超过明示的安全使用期的除外。

第46条　本法所称缺陷，是指产品存在危及人身、他人财产安全的不合理的危险；产品有保障人体健康和人身、财产安全的国家标准、行业标准的，是指不符合该标准。

2.《**公益事业捐赠法**》（1999年6月28日）

第9条　自然人、法人或者其他组织可以选择符合其捐赠意愿的公益性社会团体和公益性非营利的事业单位进行捐赠。捐赠的财产应当是其有权处分的合法财产。

第10条　公益性社会团体和公益性非营利的事业单位可以依照本法接受捐赠。

本法所称公益性社会团体是指依法成立的，以发展公益事业为宗旨的基金会、慈善组织等社会团体。

本法所称公益性非营利的事业单位是指依法成立的，从事公益事业的不以营利为目的的教育机构、科学研究机构、医疗卫生机构、社会公共文化机构、社会公共体育机构和社会福利机构等。

第三十七条　经营性活动捐赠

自然人、法人和非法人组织开展演出、比赛、销售、拍卖等经营性活动，承诺将全部或者部分所得用于慈善目的的，应当在举办活动前与慈善组织或者其他接受捐赠的人签订捐赠协议，活动结束后按照捐赠协议履行捐赠义务，并将捐赠情况向社会公开。

第三十八条　捐赠票据

慈善组织接受捐赠，应当向捐赠人开具由财政部门统一监（印）制的捐赠票据。捐赠票据应当载明捐赠人、捐赠财产的种类及数量、慈善组织名称和经办人姓名、票据日期等。捐赠人匿名或者放弃接受捐赠票据的，慈善组织应当做好相关记录。

● 法　律

1. 《公益事业捐赠法》（1999年6月28日）

第12条　捐赠人可以与受赠人就捐赠财产的种类、质量、数量和用途等内容订立捐赠协议。捐赠人有权决定捐赠的数量、用途和方式。

捐赠人应当依法履行捐赠协议，按照捐赠协议约定的期限和方式将捐赠财产转移给受赠人。

第 16 条　受赠人接受捐赠后，应当向捐赠人出具合法、有效的收据，将受赠财产登记造册，妥善保管。

● 部门规章及文件

2.《财政票据管理办法》(2020 年 12 月 3 日)

第 7 条　财政票据的种类和适用范围如下：

(一) 非税收入类票据

1. 非税收入通用票据，是指行政事业单位依法收取政府非税收入时开具的通用凭证。

2. 非税收入一般缴款书，是指实施政府非税收入收缴管理制度改革的行政事业单位收缴政府非税收入时开具的通用凭证。

(二) 结算类票据

资金往来结算票据，是指行政事业单位在发生暂收、代收和单位内部资金往来结算时开具的凭证。

(三) 其他财政票据

1. 公益事业捐赠票据，是指国家机关、公益性事业单位、公益性社会团体和其他公益性组织依法接受公益性捐赠时开具的凭证。

2. 医疗收费票据，是指非营利医疗卫生机构从事医疗服务取得医疗收入时开具的凭证。

3. 社会团体会费票据，是指依法成立的社会团体向会员收取会费时开具的凭证。

4. 其他应当由财政部门管理的票据。

3.《公益事业捐赠票据使用管理暂行办法》(2010 年 11 月 28 日)

第 2 条　本办法所称的公益事业捐赠票据 (以下简称捐赠票

据），是指各级人民政府及其部门、公益性事业单位、公益性社会团体及其他公益性组织（以下简称公益性单位）按照自愿、无偿原则，依法接受并用于公益事业的捐赠财物时，向提供捐赠的自然人、法人和其他组织开具的凭证。

本办法所称的公益事业，是指下列非营利事项：

（一）救助灾害、救济贫困、扶助残疾人等困难的社会群体和个人的活动；

（二）教育、科学、文化、卫生、体育事业；

（三）环境保护、社会公共设施建设；

（四）促进社会发展和进步的其他社会公共和福利事业。

第3条 捐赠票据是会计核算的原始凭证，是财政、税务、审计、监察等部门进行监督检查的依据。

捐赠票据是捐赠人对外捐赠并根据国家有关规定申请捐赠款项税前扣除的有效凭证。

第4条 捐赠票据的印制、领购、核发、使用、保管、核销、稽查等活动，适用本办法。

第5条 各级人民政府财政部门（以下简称各级财政部门）是捐赠票据的主管部门，按照职能分工和管理权限负责捐赠票据的印制、核发、保管、核销、稽查等工作。

第6条 捐赠票据的基本内容包括票据名称、票据编码、票据监制章、捐赠人、开票日期、捐赠项目、数量、金额、实物（外币）种类、接受单位、复核人、开票人及联次等。

捐赠票据一般应设置为三联，包括存根联、收据联和记账联，各联次以不同颜色加以区分。

第7条 下列按照自愿和无偿原则依法接受捐赠的行为，应当开具捐赠票据：

（一）各级人民政府及其部门在发生自然灾害时或者应捐赠人要求接受的捐赠；

（二）公益性事业单位接受用于公益事业的捐赠；

（三）公益性社会团体接受用于公益事业的捐赠；

（四）其他公益性组织接受用于公益事业的捐赠；

（五）财政部门认定的其他行为。

第8条 下列行为，不得使用捐赠票据：

（一）集资、摊派、筹资、赞助等行为；

（二）以捐赠名义接受财物并与出资人利益相关的行为；

（三）以捐赠名义从事营利活动的行为；

（四）收取除捐赠以外的政府非税收入、医疗服务收入、会费收入、资金往来款项等应使用其他相应财政票据的行为；

（五）按照税收制度规定应使用税务发票的行为；

（六）财政部门认定的其他行为。

第9条 捐赠票据分别由财政部或省、自治区、直辖市人民政府财政部门（以下简称省级政府财政部门）统一印制，并套印全国统一式样的财政票据监制章。

第10条 捐赠票据由独立核算、会计制度健全的公益性单位向同级财政部门领购。

第11条 捐赠票据实行凭证领购、分次限量、核旧购新的领购制度。

第12条 公益性单位首次申领捐赠票据时，应当提供《财政票据领购证》和领购申请函，在领购申请中需详细列明领购捐赠票据的使用范围和项目。属于公益性社会团体的，还需提供社会团体章程。

财政部门依照本办法，对公益性单位提供的捐赠票据使用范围和项目进行审核，对符合捐赠票据适用范围的，予以核准；不符合捐赠票据适用范围的，不予以核准，并向领购单位说明原因。

公益性单位未取得《财政票据领购证》的，应按照规定程序先办理《财政票据领购证》。

第13条 公益性单位再次领购捐赠票据时，应当出示《财政票据领购证》，并提交前次领购捐赠票据的使用情况说明及存根，经同级财政部门审验无误并核销后，方可继续领购。

捐赠票据的使用情况说明应当包括以下内容：捐赠票据领购、使用、作废、结存等情况，接受捐赠以及捐赠收入的使用情况等。

第14条 公益性单位领购捐赠票据实行限量发放，每次领购数量一般不超过本单位6个月的需要量。

第15条 公益性单位领购捐赠票据时，应按照省级以上价格主管部门会同同级财政部门规定的收费标准，向财政部门支付财政票据工本费。

第16条 公益性单位应当严格按照本办法规定和财政部门的要求开具捐赠票据。

第17条 公益性单位接受货币（包括外币）捐赠时，应按实际收到的金额填开捐赠票据。

第18条 公益性单位接受非货币性捐赠时，应按其公允价值填开捐赠票据。

第19条 公益性单位应当按票据号段顺序使用捐赠票据，

填写捐赠票据时做到字迹清楚、内容完整、真实、印章齐全，各联次内容和金额一致。填写错误的，应当另行填写。因填写错误等原因作废的票据，应当加盖作废戳记或者注明"作废"字样，并完整保存全部联次，不得私自销毁。

第 20 条　捐赠票据的领用单位不得转让、出借、代开、买卖、销毁、涂改捐赠票据，不得将捐赠票据与其他财政票据、税务发票互相串用。

第 21 条　公益性单位应当建立捐赠票据管理制度，设置管理台账，由专人负责捐赠票据的领购、使用登记与保管，并按规定向同级财政部门报送捐赠票据的领购、使用、作废、结存以及接受捐赠和捐赠收入使用情况。

第 22 条　公益性单位领购捐赠票据时，应当检查是否有缺页、号码错误、毁损等情况，一经发现应当及时交回财政票据监管机构处理。

第 23 条　公益性单位遗失捐赠票据的，应及时在县级以上新闻媒体上声明作废，并将遗失票据名称、数量、号段、遗失原因及媒体声明资料等有关情况，以书面形式报送同级财政部门备案。

第 24 条　公益性单位应当妥善保管已开具的捐赠票据存根，票据存根保存期限一般为 5 年。

第 25 条　对保存期满需要销毁的捐赠票据存根和未使用的需要作废销毁的捐赠票据，由公益性单位负责登记造册，报经同级财政部门核准后，由同级财政部门组织销毁。

第 26 条　公益性单位撤销、改组、合并的，在办理《财政票据领购证》的变更或注销手续时，应对公益性单位已使用的捐赠票据存根及尚未使用的捐赠票据登记造册，并交送同级财政部门统一核销、过户或销毁。

第27条 省级政府财政部门印制的捐赠票据，一般应当在本行政区域内核发使用，不得跨行政区域核发使用，但本地区派驻其他省、自治区、直辖市的公益性单位除外。

第28条 各级财政部门应当根据实际情况和管理需要，对捐赠票据的领购、使用、保管等情况进行年度稽查，也可以进行定期或者不定期的专项检查。

第29条 公益性单位应当自觉接受财政部门的监督检查，如实反映情况，提供有关资料，不得隐瞒情况、弄虚作假或者拒绝、阻碍监督检查。

第30条 违反本办法规定领购、使用、管理捐赠票据的，财政部门应当责令公益性单位限期整改，整改期间暂停核发该单位的捐赠票据，按照《财政违法行为处罚处分条例》（国务院令第427号）等规定追究法律责任。

第31条 各级财政部门应当按照规定对捐赠票据使用管理情况进行监督检查，不得滥用职权、徇私舞弊，不得向被查公益性单位收取任何费用。

第三十九条 捐赠协议

慈善组织接受捐赠，捐赠人要求签订书面捐赠协议的，慈善组织应当与捐赠人签订书面捐赠协议。

书面捐赠协议包括捐赠人和慈善组织名称，捐赠财产的种类、数量、质量、用途、交付时间等内容。

● 法 律

《公益事业捐赠法》（1999年6月28日）

第13条 捐赠人捐赠财产兴建公益事业工程项目，应当与受赠人订立捐赠协议，对工程项目的资金、建设、管理和使用作出约定。

捐赠的公益事业工程项目由受赠单位按照国家有关规定办理项目审批手续，并组织施工或者由受赠人和捐赠人共同组织施工。工程质量应当符合国家质量标准。

捐赠的公益事业工程项目竣工后，受赠单位应当将工程建设、建设资金的使用和工程质量验收情况向捐赠人通报。

第四十条　捐赠人义务

捐赠人与慈善组织约定捐赠财产的用途和受益人时，不得指定或者变相指定捐赠人的利害关系人作为受益人。

任何组织和个人不得利用慈善捐赠违反法律规定宣传烟草制品，不得利用慈善捐赠以任何方式宣传法律禁止宣传的产品和事项。

第四十一条　捐赠人履行捐赠承诺

捐赠人应当按照捐赠协议履行捐赠义务。捐赠人违反捐赠协议逾期未交付捐赠财产，有下列情形之一的，慈善组织或者其他接受捐赠的人可以要求交付；捐赠人拒不交付的，慈善组织和其他接受捐赠的人可以依法向人民法院申请支付令或者提起诉讼：

（一）捐赠人通过广播、电视、报刊、互联网等媒体公开承诺捐赠的；

（二）捐赠财产用于本法第三条第一项至第三项规定的慈善活动，并签订书面捐赠协议的。

捐赠人公开承诺捐赠或者签订书面捐赠协议后经济状况显著恶化，严重影响其生产经营或者家庭生活的，经向公开承诺捐赠地或者书面捐赠协议签订地的县级以上人民政府民政部门报告并向社会公开说明情况后，可以不再履行捐赠义务。

● 法 律

《公益事业捐赠法》（1999 年 6 月 28 日）

第 4 条 捐赠应当是自愿和无偿的，禁止强行摊派或者变相摊派，不得以捐赠为名从事营利活动。

第 5 条 捐赠财产的使用应当尊重捐赠人的意愿，符合公益目的，不得将捐赠财产挪作他用。

第 6 条 捐赠应当遵守法律、法规，不得违背社会公德，不得损害公共利益和其他公民的合法权益。

第 7 条 公益性社会团体受赠的财产及其增值为社会公共财产，受国家法律保护，任何单位和个人不得侵占、挪用和损毁。

第 8 条 国家鼓励公益事业的发展，对公益性社会团体和公益性非营利的事业单位给予扶持和优待。

国家鼓励自然人、法人或者其他组织对公益事业进行捐赠。

对公益事业捐赠有突出贡献的自然人、法人或者其他组织，由人民政府或者有关部门予以表彰。对捐赠人进行公开表彰，应当事先征求捐赠人的意见。

第四十二条　捐赠人监督权利

捐赠人有权查询、复制其捐赠财产管理使用的有关资料，慈善组织应当及时主动向捐赠人反馈有关情况。

慈善组织违反捐赠协议约定的用途，滥用捐赠财产的，捐赠人有权要求其改正；拒不改正的，捐赠人可以向县级以上人民政府民政部门投诉、举报或者向人民法院提起诉讼。

● 法　律

《公益事业捐赠法》（1999 年 6 月 28 日）

第 18 条　受赠人与捐赠人订立了捐赠协议的，应当按照协议约定的用途使用捐赠财产，不得擅自改变捐赠财产的用途。如果确需改变用途的，应当征得捐赠人的同意。

第 19 条　受赠人应当依照国家有关规定，建立健全财务会计制度和受赠财产的使用制度，加强对受赠财产的管理。

第 20 条　受赠人每年度应当向政府有关部门报告受赠财产的使用、管理情况，接受监督。必要时，政府有关部门可以对其财务进行审计。

海关对减免关税的捐赠物品依法实施监督和管理。

县级以上人民政府侨务部门可以参与对华侨向境内捐赠财产使用与管理的监督。

第 21 条　捐赠人有权向受赠人查询捐赠财产的使用、管理情况，并提出意见和建议。对于捐赠人的查询，受赠人应当如实答复。

第 22 条　受赠人应当公开接受捐赠的情况和受赠财产的使用、管理情况，接受社会监督。

第 23 条　公益性社会团体应当厉行节约，降低管理成本，工作人员的工资和办公费用从利息等收入中按照国家规定的标准开支。

第 28 条　受赠人未征得捐赠人的许可，擅自改变捐赠财产的性质、用途的，由县级以上人民政府有关部门责令改正，给予警告。拒不改正的，经征求捐赠人的意见，由县级以上人民政府将捐赠财产交由与其宗旨相同或者相似的公益性社会团体或者公益性非营利的事业单位管理。

第 29 条　挪用、侵占或者贪污捐赠款物的，由县级以上人民政府有关部门责令退还所用、所得款物，并处以罚款；对直接责任人员，由所在单位依照有关规定予以处理；构成犯罪的，依法追究刑事责任。

依照前款追回、追缴的捐赠款物，应当用于原捐赠目的和用途。

第 30 条　在捐赠活动中，有下列行为之一的，依照法律、法规的有关规定予以处罚；构成犯罪的，依法追究刑事责任：

（一）逃汇、骗购外汇的；

（二）偷税、逃税的；

（三）进行走私活动的；

（四）未经海关许可并且未补缴应缴税额，擅自将减税、免税进口的捐赠物资在境内销售、转让或者移作他用的。

第 31 条　受赠单位的工作人员，滥用职权，玩忽职守，徇私舞弊，致使捐赠财产造成重大损失的，由所在单位依照有关规定予以处理；构成犯罪的，依法追究刑事责任。

第四十三条　国有企业捐赠

国有企业实施慈善捐赠应当遵守有关国有资产管理的规定，履行批准和备案程序。

第五章　慈善信托

第四十四条　慈善信托的定义

本法所称慈善信托属于公益信托，是指委托人基于慈善目的，依法将其财产委托给受托人，由受托人按照委托人意愿以受托人名义进行管理和处分，开展慈善活动的行为。

第四十五条　慈善信托设立

设立慈善信托、确定受托人和监察人，应当采取书面形式。受托人应当在慈善信托文件签订之日起七日内，将相关文件向受托人所在地县级以上人民政府民政部门备案。

未按照前款规定将相关文件报民政部门备案的，不享受税收优惠。

● 行政法规及文件

《国务院关于促进慈善事业健康发展的指导意见》（2014年11月24日）

二、鼓励和支持以扶贫济困为重点开展慈善活动

扶贫济困是慈善事业的重要领域，在政府保障困难群众基本生活的同时，鼓励和支持社会力量以扶贫济困为重点开展慈善活

动，有利于更好地满足困难群众多样化、多层次的需求，帮助他们摆脱困境、改善生活，形成慈善事业与社会救助的有效衔接和功能互补，共同编密织牢社会生活安全网。

（一）鼓励社会各界开展慈善活动。

鼓励社会各界以各类社会救助对象为重点，广泛开展扶贫济困、赈灾救孤、扶老助残、助学助医等慈善活动。党政机关、事业单位要广泛动员干部职工积极参与各类慈善活动，发挥带头示范作用。工会、共青团、妇联等人民团体要充分发挥密切联系群众的优势，动员社会公众为慈善事业捐赠资金、物资和提供志愿服务等。各全国性社会团体在发挥自身优势、开展慈善活动时，要主动接受社会监督，在公开透明、规范管理、服务困难群众等方面作出表率。各类慈善组织要进一步面向困难群体开展符合其宗旨的慈善活动。倡导各类企业将慈善精神融入企业文化建设，把参与慈善作为履行社会责任的重要方面，通过捐赠、支持志愿服务、设立基金会等方式，开展形式多样的慈善活动，在更广泛的领域为社会作出贡献。鼓励有条件的宗教团体和宗教活动场所依法依规开展各类慈善活动。提倡在单位内部、城乡社区开展群众性互助互济活动。充分发挥家庭、个人、志愿者在慈善活动中的积极作用。

（二）鼓励开展形式多样的社会捐赠和志愿服务。

鼓励和支持社会公众通过捐款捐物、慈善消费和慈善义演、义拍、义卖、义展、义诊、义赛等方式为困难群众奉献爱心。探索捐赠知识产权收益、技术、股权、有价证券等新型捐赠方式，鼓励设立慈善信托，抓紧制定政策措施，积极推进有条件的地方开展试点。动员社会公众积极参与志愿服务，构建形式多样、内容丰富、机制健全、覆盖城乡的志愿服务体系。倡导社会力量兴办公益性医疗、教育、养老、残障康复、文化体育等方面的机构和设施，为慈善事业提供更多的资金支持和服务载体。加快出台有效措施，引导社会公众积极捐赠家庭闲置物品。广泛设立社会捐助站点，创新发展慈善超市，发挥网络捐赠技术优势，方便群众就近就便开展捐赠。

（三）健全社会救助和慈善资源信息对接机制。

要建立民政部门与其他社会救助管理部门之间的信息共享机制，同时建立和完善民政部门与慈善组织、社会服务机构之间的衔接机制，形成社会救助和慈善资源的信息有效对接。对于经过社会救助后仍需要帮扶的救助对象，民政部门要及时与慈善组织、社会服务机构协商，实现政府救助与社会帮扶有机结合，做到因情施救、各有侧重、互相补充。社会救助信息和慈善资源信息应同时向审计等政府有关部门开放。

（四）落实和完善减免税政策。

落实企业和个人公益性捐赠所得税税前扣除政策，企业发生的公益性捐赠支出，在年度利润总额12%以内的部分，准予在计算应纳税所得额时扣除；个人公益性捐赠额未超过纳税义务人申报的应纳税所得额30%的部分，可以从其应纳税所得额中扣除。研究完善慈善组织企业所得税优惠政策，切实惠及符合条件的慈善组织。对境外向我国境内依法设立的慈善组织无偿捐赠的直接用于慈善事业的物资，在有关法律及政策规定的范围内享受进口税收优惠。有关部门要大力宣传慈善捐赠减免税的资格和条件。

（五）加大社会支持力度。

鼓励企事业单位为慈善活动提供场所和便利条件、按规定给予优惠。倡导金融机构根据慈善事业的特点和需求创新金融产品和服务方式，积极探索金融资本支持慈善事业发展的政策渠道。支持慈善组织为慈善对象购买保险产品，鼓励商业保险公司捐助慈善事业。完善公益广告等平台的管理办法，鼓励新闻媒体为慈善组织的信息公开提供帮助支持和费用优惠。

第四十六条　确定受益人

慈善信托的委托人不得指定或者变相指定其利害关系人作为受益人。

慈善信托的受托人确定受益人，应当坚持公开、公平、公正的原则，不得指定或者变相指定受托人及其工作人员的利害关系人作为受益人。

第四十七条　受托人资格

慈善信托的受托人，可以由委托人确定其信赖的慈善组织或者信托公司担任。

● **案例指引**

某环境研究所诉汽车公司大气污染责任纠纷案（最高人民法院发布2019年度人民法院环境资源典型案例[①]）

典型意义

本案系全国首例将慈善信托机制引入公益诉讼专项资金制度的环境民事公益诉讼案件。公益诉讼赔偿金的管理和使用，直接关系到公益诉讼目的的实现。本案中，在人民法院主持下，双方达成调

[①] 参见最高人民法院网站，https://www.court.gov.cn/zixun/xiangqing/228361.html，最后访问时间：2024年1月11日。

解，以公益诉讼赔偿金为信托财产，设立专项慈善信托，借助信托机构的资金管理经验，充分发挥公益诉讼赔偿金的资金效用。由现代汽车出资修建充电桩从而间接实现保护大气环境的目的，亦进一步拓展了替代性修复的方式。同时，人民法院对该项信托设立由公益组织代表、环境专家、法学专家组成的信托决策委员会，作为信托监察人，切实保障信托资金真正用于"保护、修复大气环境，防治大气污染，支持环境公益事业"的目的，是对公益诉讼专项资金管理、使用和监督制度的有益探索。

第四十八条 变更受托人

慈善信托的受托人违反信托义务或者难以履行职责的，委托人可以变更受托人。变更后的受托人应当自变更之日起七日内，将变更情况报原备案的民政部门重新备案。

第四十九条 受托人义务

慈善信托的受托人管理和处分信托财产，应当按照信托目的，恪尽职守，履行诚信、谨慎管理的义务。

慈善信托的受托人应当根据信托文件和委托人的要求，及时向委托人报告信托事务处理情况、信托财产管理使用情况。慈善信托的受托人应当每年至少一次将信托事务处理情况及财务状况向办理其备案的民政部门报告，并向社会公开。

● 法 律

《信托法》（2001年4月28日）

第20条 委托人有权了解其信托财产的管理运用、处分及收支情况，并有权要求受托人作出说明。

委托人有权查阅、抄录或者复制与其信托财产有关的信托账目以及处理信托事务的其他文件。

第21条　因设立信托时未能预见的特别事由，致使信托财产的管理方法不利于实现信托目的或者不符合受益人的利益时，委托人有权要求受托人调整该信托财产的管理方法。

第22条　受托人违反信托目的处分信托财产或者因违背管理职责、处理信托事务不当致使信托财产受到损失的，委托人有权申请人民法院撤销该处分行为，并有权要求受托人恢复信托财产的原状或者予以赔偿；该信托财产的受让人明知是违反信托目的而接受该财产的，应当予以返还或者予以赔偿。

前款规定的申请权，自委托人知道或者应当知道撤销原因之日起一年内不行使的，归于消灭。

第23条　受托人违反信托目的处分信托财产或者管理运用、处分信托财产有重大过失的，委托人有权依照信托文件的规定解任受托人，或者申请人民法院解任受托人。

第49条　受益人可以行使本法第二十条至第二十三条规定的委托人享有的权利。受益人行使上述权利，与委托人意见不一致时，可以申请人民法院作出裁定。

受托人有本法第二十二条第一款所列行为，共同受益人之一申请人民法院撤销该处分行为的，人民法院所作出的撤销裁定，对全体共同受益人有效。

第64条　公益信托应当设置信托监察人。

信托监察人由信托文件规定。信托文件未规定的，由公益事业管理机构指定。

第 65 条　信托监察人有权以自己的名义，为维护受益人的利益，提起诉讼或者实施其他法律行为。

第五十条　信托监察人

慈善信托的委托人根据需要，可以确定信托监察人。

信托监察人对受托人的行为进行监督，依法维护委托人和受益人的权益。信托监察人发现受托人违反信托义务或者难以履行职责的，应当向委托人报告，并有权以自己的名义向人民法院提起诉讼。

第五十一条　法律适用

慈善信托的设立、信托财产的管理、信托当事人、信托的终止和清算等事项，本章未规定的，适用本法其他有关规定；本法未规定的，适用《中华人民共和国信托法》的有关规定。

● 法　律

《信托法》（2001 年 4 月 28 日）

第 6 条　设立信托，必须有合法的信托目的。

第 7 条　设立信托，必须有确定的信托财产，并且该信托财产必须是委托人合法所有的财产。

本法所称财产包括合法的财产权利。

第 15 条　信托财产与委托人未设立信托的其他财产相区别。设立信托后，委托人死亡或者依法解散、被依法撤销、被宣告破产时，委托人是唯一受益人的，信托终止，信托财产作为其遗产或者清算财产；委托人不是唯一受益人的，信托存续，信托财产不作为其遗产或者清算财产；但作为共同受益人的委托人死亡或者依法解散、被依法撤销、被宣告破产时，其信托受益权作为其遗产或者清算财产。

第17条　除因下列情形之一外，对信托财产不得强制执行：

（一）设立信托前债权人已对该信托财产享有优先受偿的权利，并依法行使该权利的；

（二）受托人处理信托事务所产生债务，债权人要求清偿该债务的；

（三）信托财产本身应担负的税款；

（四）法律规定的其他情形。

对于违反前款规定而强制执行信托财产，委托人、受托人或者受益人有权向人民法院提出异议。

第18条　受托人管理运用、处分信托财产所产生的债权，不得与其固有财产产生的债务相抵销。

受托人管理运用、处分不同委托人的信托财产所产生的债权债务，不得相互抵销。

第70条　公益信托终止的，受托人应当于终止事由发生之日起十五日内，将终止事由和终止日期报告公益事业管理机构。

第71条　公益信托终止的，受托人作出的处理信托事务的清算报告，应当经信托监察人认可后，报公益事业管理机构核准，并由受托人予以公告。

第72条　公益信托终止，没有信托财产权利归属人或者信托财产权利归属人是不特定的社会公众的，经公益事业管理机构批准，受托人应当将信托财产用于与原公益目的相近似的目的，或者将信托财产转移给具有近似目的的公益组织或者其他公益信托。

第六章 慈善财产

第五十二条 财产的范围

慈善组织的财产包括：
（一）发起人捐赠、资助的创始财产；
（二）募集的财产；
（三）其他合法财产。

● 行政法规及文件

1.《基金会管理条例》(2004年3月8日)

第8条　设立基金会，应当具备下列条件：

（一）为特定的公益目的而设立；

（二）全国性公募基金会的原始基金不低于800万元人民币，地方性公募基金会的原始基金不低于400万元人民币，非公募基金会的原始基金不低于200万元人民币；原始基金必须为到账货币资金；

（三）有规范的名称、章程、组织机构以及与其开展活动相适应的专职工作人员；

（四）有固定的住所；

（五）能够独立承担民事责任。

2.《社会团体登记管理条例》(2016年2月6日)

第10条　成立社会团体，应当具备下列条件：

（一）有50个以上的个人会员或者30个以上的单位会员；个人会员、单位会员混合组成的，会员总数不得少于50个；

（二）有规范的名称和相应的组织机构；

（三）有固定的住所；

（四）有与其业务活动相适应的专职工作人员；

（五）有合法的资产和经费来源，全国性的社会团体有10万元以上活动资金，地方性的社会团体和跨行政区域的社会团体有3万元以上活动资金；

（六）有独立承担民事责任的能力。

社会团体的名称应当符合法律、法规的规定，不得违背社会道德风尚。社会团体的名称应当与其业务范围、成员分布、活动地域相一致，准确反映其特征。全国性的社会团体的名称冠以"中国"、"全国"、"中华"等字样的，应当按照国家有关规定经过批准，地方性的社会团体的名称不得冠以"中国"、"全国"、"中华"等字样。

第五十三条　财产的用途

慈善组织的财产应当根据章程和捐赠协议的规定全部用于慈善目的，不得在发起人、捐赠人以及慈善组织成员中分配。

任何组织和个人不得私分、挪用、截留或者侵占慈善财产。

第五十四条　财产的管理

慈善组织对募集的财产，应当登记造册，严格管理，专款专用。

捐赠人捐赠的实物不易储存、运输或者难以直接用于慈善目的的，慈善组织可以依法拍卖或者变卖，所得收入扣除必要费用后，应当全部用于慈善目的。

第五十五条　慈善组织财产保值增值投资

慈善组织为实现财产保值、增值进行投资的，应当遵循合法、安全、有效的原则，投资取得的收益应当全部用于慈善目的。慈善组织的重大投资方案应当经决策机构组成人员三分之二以上同意。政府资助的财产和捐赠协议约定不得投资的财产，不得用于投资。慈善组织的负责人和工作人员不得在慈善组织投资的企业兼职或者领取报酬。

前款规定事项的具体办法，由国务院民政部门制定。

● 部门规章及文件

《慈善组织保值增值投资活动管理暂行办法》（2018 年 10 月 30 日）

第 1 条　为规范慈善组织的投资活动，防范慈善财产运用风险，促进慈善组织持续健康发展，根据《中华人民共和国慈善法》（以下简称《慈善法》）等法律法规，制定本办法。

第 2 条　县级以上人民政府民政部门（以下简称民政部门）依法登记、认定的慈善组织进行投资活动，适用本办法。

第 3 条　慈善组织应当以面向社会开展慈善活动为宗旨，充分、高效运用慈善财产，在确保年度慈善活动支出符合法定要求和捐赠财产及时足额拨付的前提下，可以开展投资活动。

慈善组织开展投资活动应当遵循合法、安全、有效的原则，投资取得的收益应当全部用于慈善目的。

第4条　本办法所称投资活动，主要包括下列情形：

（一）直接购买银行、信托、证券、基金、期货、保险资产管理机构、金融资产投资公司等金融机构发行的资产管理产品；

（二）通过发起设立、并购、参股等方式直接进行股权投资；

（三）将财产委托给受金融监督管理部门监管的机构进行投资。

第5条　慈善组织可以用于投资的财产限于非限定性资产和在投资期间暂不需要拨付的限定性资产。

慈善组织接受的政府资助的财产和捐赠协议约定不得投资的财产，不得用于投资。

第6条　慈善组织在投资资产管理产品时，应当审慎选择，购买与本组织风险识别能力和风险承担能力相匹配的产品。

慈善组织直接进行股权投资的，被投资方的经营范围应当与慈善组织的宗旨和业务范围相关。

慈善组织开展委托投资的，应当选择中国境内有资质从事投资管理业务，且管理审慎、信誉较高的机构。

第7条　慈善组织不得进行下列投资活动：

（一）直接买卖股票；

（二）直接购买商品及金融衍生品类产品；

（三）投资人身保险产品；

（四）以投资名义向个人、企业提供借款；

（五）不符合国家产业政策的投资；

（六）可能使本组织承担无限责任的投资；

（七）违背本组织宗旨、可能损害信誉的投资；

（八）非法集资等国家法律法规禁止的其他活动。

第8条　慈善组织应当在财务和资产管理制度中规定以下内容：

（一）投资遵循的基本原则；

（二）投资决策程序和管理流程；

（三）决策机构、执行机构、监督机构在投资活动中的相关职责；

（四）投资负面清单；

（五）重大投资的标准；

（六）投资风险管控制度；

（七）投资活动中止、终止或者退出机制；

（八）违规投资责任追究制度。

第9条　慈善组织的财务和资产管理制度以及重大投资方案应当经决策机构组成人员三分之二以上同意。

第10条　慈善组织的发起人、主要捐赠人、负责人、理事、理事来源单位以及其他与慈善组织之间存在控制、共同控制或者重大影响关系的个人或者组织，当其利益与慈善组织投资行为关联时，不得利用关联关系损害慈善组织利益。

第11条　慈善组织应当及时回收到期的本金和收益，依法依规及时进行会计核算。

第12条　慈善组织应当为投资活动建立专项档案，完整保存投资的决策、执行、管理等资料。专项档案的保存时间不少于20年。

第13条　慈善组织应当根据投资活动的风险水平以及所能承受的损失程度，合理建立止损机制。

慈善组织可以建立风险准备金制度。

第 14 条 慈善组织在开展投资活动时，其负责人、理事和工作人员应当遵守法律法规和本组织章程的规定，严格履行忠实、谨慎、勤勉义务。

慈善组织在开展投资活动时有违法违规行为，致使慈善组织财产损失的，相关人员应当承担相应责任。

第 15 条 慈善组织的负责人和工作人员不得在慈善组织投资的企业兼职或者领取报酬，但受慈善组织委托可以作为股东代表、董事或者监事参与被投资企业的股东会、董事会。

第 16 条 民政部门可以要求慈善组织就投资活动、风险控制、内部管理等事项作出说明，必要时可以进行约谈。

第 17 条 慈善组织将不得用于投资的财产用于投资，民政部门依据《慈善法》第九十九条的有关规定进行处罚。慈善组织违反本办法规定，民政部门可以给予警告，并责令限期改正。

第 18 条 慈善组织的财务和资产管理制度、重大投资情况应当依法依规向社会公开，接受社会监督。

第 19 条 未认定为慈善组织的基金会、具有公益性捐赠税前扣除资格的社会团体和社会服务机构开展投资活动应当遵守本办法规定。

● 案例指引

邓银某与某教育基金会、唐松某民间借贷纠纷 [（2020）湘 11 民终 1949 号][1]

裁判摘要：依照《中华人民共和国慈善法》第五十四条第一款

---

[1] 本案例选自中国裁判文书网，最后访问时间：2024 年 1 月 3 日。

"慈善组织为实现财产保值、增值进行投资的，应当遵循合法、安全、有效的原则，投资取得的收益应当全部用于慈善目的。慈善组织的重大投资方案应当经决策机构组成人员三分之二以上同意。政府资助的财产和捐赠协议约定不得投资的财产，不得用于投资。慈善组织的负责人和工作人员不得在慈善组织投资的企业兼职或者领取报酬"及参照民政部《关于规范基金会行为的若干规定（试行）》第二点第五项"基金会不得向个人、企业直接提供与公益活动无关的借款"的规定，某教育基金会借款给邓银某，违反了法律、行政法规的强制性规定，双方签订的借款合同，根据《中华人民共和国合同法》第五十二条第五项的规定，应当认定为无效合同。合同无效，因该合同取得的财产，应当予以返还，故某教育基金会要求邓银某偿还借款本金250000元，予以支持。虽然双方当事人签订的借款合同无效，但邓银某占用某教育基金会的资金，某教育基金会可以要求邓银某自2013年1月31日起，以250000元为基数，按年利率6%，支付资金占用费至本金清偿完毕之日止，某教育基金会超过该部分的利息请求，不予支持。

第五十六条　捐赠财产使用原则

慈善组织开展慈善活动，应当依照法律法规和章程的规定，按照募捐方案或者捐赠协议使用捐赠财产。慈善组织确需变更募捐方案规定的捐赠财产用途的，应当报原备案的民政部门备案；确需变更捐赠协议约定的捐赠财产用途的，应当征得捐赠人同意。

第五十七条 慈善项目管理

慈善组织应当合理设计慈善项目,优化实施流程,降低运行成本,提高慈善财产使用效益。

慈善组织应当建立项目管理制度,对项目实施情况进行跟踪监督。

第五十八条 剩余捐赠财产的处理

慈善项目终止后捐赠财产有剩余的,按照募捐方案或者捐赠协议处理;募捐方案未规定或者捐赠协议未约定的,慈善组织应当将剩余财产用于目的相同或者相近的其他慈善项目,并向社会公开。

● 案例指引

某基金会与张志某公益事业捐赠合同纠纷案[(2019)京民申6639号][1]

裁判摘要:根据《中华人民共和国慈善法》及《中华人民共和国公益事业捐赠法》的相关规定,经法院询问,张志某明确表示不同意所捐赠的款项再交由该基金会处理使用。而某基金会一方关于此前所约定的专项基金的撤销亦已施行,故双方至此已不具备捐赠协议最初签订之时所欲达成的捐赠事项的合意基础以及变更履行之可能。现张志某关于撤销捐赠行为的诉讼请求于法有据,某基金会应向张志某返还所捐赠的款项。二审法院根据查明的事实并结合相应证据所作判决,并无不当。

---

[1] 本案例选自中国裁判文书网,最后访问时间:2024年1月3日。

第五十九条　慈善组织确定受益人

慈善组织确定慈善受益人，应当坚持公开、公平、公正的原则，不得指定或者变相指定慈善组织管理人员的利害关系人作为受益人。

第六十条　慈善资助协议

慈善组织根据需要可以与受益人签订协议，明确双方权利义务，约定慈善财产的用途、数额和使用方式等内容。

受益人应当珍惜慈善资助，按照协议使用慈善财产。受益人未按照协议使用慈善财产或者有其他严重违反协议情形的，慈善组织有权要求其改正；受益人拒不改正的，慈善组织有权解除协议并要求受益人返还财产。

第六十一条　慈善活动支出及管理费用

慈善组织应当积极开展慈善活动，遵循管理费用、募捐成本等最必要原则，厉行节约，减少不必要的开支，充分、高效运用慈善财产。具有公开募捐资格的基金会开展慈善活动的年度支出，不得低于上一年总收入的百分之七十或者前三年收入平均数额的百分之七十；年度管理费用不得超过当年总支出的百分之十；特殊情况下，年度支出和管理费用难以符合前述规定的，应当报告办理其登记的民政部门并向社会公开说明情况。

慈善组织开展慈善活动的年度支出、管理费用和募捐成本的标准由国务院民政部门会同财政、税务等部门制定。

> 捐赠协议对单项捐赠财产的慈善活动支出和管理费用有约定的,按照其约定。
>
> 慈善信托的年度支出和管理费用标准,由国务院民政部门会同财政、税务和金融监督管理等部门制定。

● 部门规章及文件

《关于慈善组织开展慈善活动年度支出和管理费用的规定》(2016年10月11日)

第2条 慈善组织应当依照法律法规和本组织章程的规定积极开展慈善活动,充分、高效运用慈善财产,并遵循管理费用最必要原则,厉行节约,减少不必要的开支。

第3条 慈善组织应当依据《民间非营利组织会计制度》,加强对慈善活动相关费用的会计核算。

第4条 慈善活动支出是指慈善组织基于慈善宗旨,在章程规定的业务范围内开展慈善活动,向受益人捐赠财产或提供无偿服务时发生的下列费用:

(一)直接或委托其他组织资助给受益人的款物;

(二)为提供慈善服务和实施慈善项目发生的人员报酬、志愿者补贴和保险,以及使用房屋、设备、物资发生的相关费用;

(三)为管理慈善项目发生的差旅、物流、交通、会议、培训、审计、评估等费用。

慈善活动支出在"业务活动成本"项目下核算和归集。慈善组织的业务活动成本包括慈善活动支出和其他业务活动成本。

第5条 慈善组织的管理费用是指慈善组织按照《民间非营利组织会计制度》规定,为保证本组织正常运转所发生的下列费用：

（一）理事会等决策机构的工作经费；

（二）行政管理人员的工资、奖金、住房公积金、住房补贴、社会保障费；

（三）办公费、水电费、邮电费、物业管理费、差旅费、折旧费、修理费、租赁费、无形资产摊销费、资产盘亏损失、资产减值损失、因预计负债所产生的损失、聘请中介机构费等。

第6条 慈善组织的某些费用如果属于慈善活动、其他业务活动、管理活动等共同发生，且不能直接归属于某一类活动的，应当将这些费用按照合理的方法在各项活动中进行分配，分别计入慈善活动支出、其他业务活动成本、管理费用。

第7条 慈善组织中具有公开募捐资格的基金会年度慈善活动支出不得低于上年总收入的百分之七十；年度管理费用不得高于当年总支出的百分之十。

慈善组织中具有公开募捐资格的社会团体和社会服务机构年度慈善活动支出不得低于上年总收入的百分之七十；年度管理费用不得高于当年总支出的百分之十三。

第8条 慈善组织中不具有公开募捐资格的基金会，年度慈善活动支出和年度管理费用按照以下标准执行：

（一）上年末净资产高于6000万元（含本数）人民币的，年度慈善活动支出不得低于上年末净资产的百分之六；年度管理费用不得高于当年总支出的百分之十二；

（二）上年末净资产低于6000万元高于800万元（含本数）人民币的，年度慈善活动支出不得低于上年末净资产的百分之六；年度管理费用不得高于当年总支出的百分之十三；

（三）上年末净资产低于800万元高于400万元（含本数）人民币的，年度慈善活动支出不得低于上年末净资产的百分之七；年度管理费用不得高于当年总支出的百分之十五；

（四）上年末净资产低于400万元人民币的，年度慈善活动支出不得低于上年末净资产的百分之八；年度管理费用不得高于当年总支出的百分之二十。

第9条 慈善组织中不具有公开募捐资格的社会团体和社会服务机构，年度慈善活动支出和年度管理费用按照以下标准执行：

（一）上年末净资产高于1000万元（含本数）人民币的，年度慈善活动支出不得低于上年末净资产的百分之六；年度管理费用不得高于当年总支出的百分之十三；

（二）上年末净资产低于1000万元高于500万元（含本数）人民币的，年度慈善活动支出不得低于上年末净资产的百分之七；年度管理费用不得高于当年总支出的百分之十四；

（三）上年末净资产低于500万元高于100万元（含本数）人民币的，年度慈善活动支出不得低于上年末净资产的百分之八；年度管理费用不得高于当年总支出的百分之十五；

（四）上年末净资产低于100万元人民币的，年度慈善活动支出不得低于上年末净资产的百分之八且不得低于上年总收入的百分之五十；年度管理费用不得高于当年总支出的百分之二十。

第10条 计算年度慈善活动支出比例时，可以用前三年收入平均数代替上年总收入，用前三年年末净资产平均数代替上年末净资产。

上年总收入为上年实际收入减去上年收入中时间限定为上年不得使用的限定性收入，再加上于上年解除时间限定的净资产。

第 11 条　慈善组织的年度管理费用低于 20 万元人民币的，不受本规定第七条、第八条、第九条规定的年度管理费用比例的限制。

第 12 条　因下列情形导致年度管理费用难以符合本规定要求的，应当及时报告其登记的民政部门并向社会公开说明情况：

（一）登记或者认定为慈善组织未满 1 年，尚未全面开展慈善活动的；

（二）慈善组织的折旧费、无形资产摊销费、资产盘亏损失、资产减值损失突发性增长的；

（三）慈善组织因预计负债所产生的损失突发性增长的。

第 13 条　慈善组织签订捐赠协议对单项捐赠财产的慈善活动支出和管理费用有约定的，从其约定，但其年度慈善活动支出和年度管理费用不得违反本规定的要求。

第 14 条　慈善组织年度慈善活动支出和年度管理费用应当在年度工作报告中进行详细披露，并依法向社会公开。

第 15 条　慈善组织慈善活动支出或者管理费用违反本规定要求的，由民政部门依法给予行政处罚并通报财政、税务等有关部门。

第七章　慈 善 服 务

第六十二条　慈善服务的定义

本法所称慈善服务，是指慈善组织和其他组织以及个人基于慈善目的，向社会或者他人提供的志愿无偿服务以及其他非营利服务。

> 慈善组织开展慈善服务，可以自己提供或者招募志愿者提供，也可以委托有服务专长的其他组织提供。

● 行政法规及文件

《志愿服务条例》（2017年8月22日）

第十条 在志愿服务组织中，根据中国共产党章程的规定，设立中国共产党的组织，开展党的活动。志愿服务组织应当为党组织的活动提供必要条件。

第十一条 志愿者可以参与志愿服务组织开展的志愿服务活动，也可以自行依法开展志愿服务活动。

第十二条 志愿服务组织可以招募志愿者开展志愿服务活动；招募时，应当说明与志愿服务有关的真实、准确、完整的信息以及在志愿服务过程中可能发生的风险。

第十三条 需要志愿服务的组织或者个人可以向志愿服务组织提出申请，并提供与志愿服务有关的真实、准确、完整的信息，说明在志愿服务过程中可能发生的风险。志愿服务组织应当对有关信息进行核实，并及时予以答复。

第十四条 志愿者、志愿服务组织、志愿服务对象可以根据需要签订协议，明确当事人的权利和义务，约定志愿服务的内容、方式、时间、地点、工作条件和安全保障措施等。

第十五条 志愿服务组织安排志愿者参与志愿服务活动，应当与志愿者的年龄、知识、技能和身体状况相适应，不得要求志愿者提供超出其能力的志愿服务。

第六十三条 受益人、志愿者的人格尊严和隐私保护

开展慈善服务,应当尊重受益人、志愿者的人格尊严,不得侵害受益人、志愿者的隐私。

● **法　律**

1.《民法典》(2020 年 5 月 28 日)

第 109 条　自然人的人身自由、人格尊严受法律保护。

第 990 条　人格权是民事主体享有的生命权、身体权、健康权、姓名权、名称权、肖像权、名誉权、荣誉权、隐私权等权利。

除前款规定的人格权外,自然人享有基于人身自由、人格尊严产生的其他人格权益。

● **行政法规及文件**

2.《志愿服务条例》(2017 年 8 月 22 日)

第 20 条　志愿服务组织、志愿服务对象应当尊重志愿者的人格尊严;未经志愿者本人同意,不得公开或者泄露其有关信息。

第 21 条　志愿服务组织、志愿者应当尊重志愿服务对象人格尊严,不得侵害志愿服务对象个人隐私,不得向志愿服务对象收取或者变相收取报酬。

第六十四条 慈善服务标准

开展医疗康复、教育培训等慈善服务,需要专门技能的,应当执行国家或者行业组织制定的标准和规程。

慈善组织招募志愿者参与慈善服务,需要专门技能的,应当对志愿者开展相关培训。

● 行政法规及文件

《志愿服务条例》（2017年8月22日）

第16条　志愿服务组织安排志愿者参与的志愿服务活动需要专门知识、技能的，应当对志愿者开展相关培训。

开展专业志愿服务活动，应当执行国家或者行业组织制定的标准和规程。法律、行政法规对开展志愿服务活动有职业资格要求的，志愿者应当依法取得相应的资格。

第23条　国家鼓励和支持国家机关、企业事业单位、人民团体、社会组织等成立志愿服务队伍开展专业志愿服务活动，鼓励和支持具备专业知识、技能的志愿者提供专业志愿服务。

国家鼓励和支持公共服务机构招募志愿者提供志愿服务。

第六十五条　向志愿者的告知义务

慈善组织招募志愿者参与慈善服务，应当公示与慈善服务有关的全部信息，告知服务过程中可能发生的风险。

慈善组织根据需要可以与志愿者签订协议，明确双方权利义务，约定服务的内容、方式和时间等。

● 行政法规及文件

《志愿服务条例》（2017年8月22日）

第2条　本条例适用于在中华人民共和国境内开展的志愿服务以及与志愿服务有关的活动。

本条例所称志愿服务，是指志愿者、志愿服务组织和其他组织自愿、无偿向社会或者他人提供的公益服务。

第3条　开展志愿服务，应当遵循自愿、无偿、平等、诚信、合法的原则，不得违背社会公德、损害社会公共利益和他人合法权益，不得危害国家安全。

第4条　县级以上人民政府应当将志愿服务事业纳入国民经济和社会发展规划，合理安排志愿服务所需资金，促进广覆盖、多层次、宽领域开展志愿服务。

第5条　国家和地方精神文明建设指导机构建立志愿服务工作协调机制，加强对志愿服务工作的统筹规划、协调指导、督促检查和经验推广。

国务院民政部门负责全国志愿服务行政管理工作；县级以上地方人民政府民政部门负责本行政区域内志愿服务行政管理工作。

县级以上人民政府有关部门按照各自职责，负责与志愿服务有关的工作。

工会、共产主义青年团、妇女联合会等有关人民团体和群众团体应当在各自的工作范围内做好相应的志愿服务工作。

第六十六条　志愿者服务记录

慈善组织应当对志愿者实名登记，记录志愿者的服务时间、内容、评价等信息。根据志愿者的要求，慈善组织应当无偿、如实出具志愿服务记录证明。

● 行政法规及文件

《志愿服务条例》（2017年8月22日）

第19条　志愿服务组织安排志愿者参与志愿服务活动，应当如实记录志愿者个人基本信息、志愿服务情况、培训情况、表彰奖励情况、评价情况等信息，按照统一的信息数据标准录入国务院民政部门指定的志愿服务信息系统,实现数据互联互通。

志愿者需要志愿服务记录证明的,志愿服务组织应当依据志愿服务记录无偿、如实出具。

记录志愿服务信息和出具志愿服务记录证明的办法,由国务院民政部门会同有关单位制定。

> **第六十七条** 合理安排志愿服务
>
> 慈善组织安排志愿者参与慈善服务,应当与志愿者的年龄、文化程度、技能和身体状况相适应。

● 行政法规及文件

《志愿服务条例》(2017年8月22日)

第6条 本条例所称志愿者,是指以自己的时间、知识、技能、体力等从事志愿服务的自然人。

本条例所称志愿服务组织,是指依法成立,以开展志愿服务为宗旨的非营利性组织。

第7条 志愿者可以将其身份信息、服务技能、服务时间、联系方式等个人基本信息,通过国务院民政部门指定的志愿服务信息系统自行注册,也可以通过志愿服务组织进行注册。

志愿者提供的个人基本信息应当真实、准确、完整。

第8条 志愿服务组织可以采取社会团体、社会服务机构、基金会等组织形式。志愿服务组织的登记管理按照有关法律、行政法规的规定执行。

第9条 志愿服务组织可以依法成立行业组织,反映行业诉求,推动行业交流,促进志愿服务事业发展。

第 10 条　在志愿服务组织中，根据中国共产党章程的规定，设立中国共产党的组织，开展党的活动。志愿服务组织应当为党组织的活动提供必要条件。

第六十八条　志愿者的管理和培训

志愿者接受慈善组织安排参与慈善服务的，应当服从管理，接受必要的培训。

第六十九条　志愿者权益保障

慈善组织应当为志愿者参与慈善服务提供必要条件，保障志愿者的合法权益。

慈善组织安排志愿者参与可能发生人身危险的慈善服务前，应当为志愿者购买相应的人身意外伤害保险。

● 法　律

《保险法》（2015 年 4 月 24 日）

第 12 条　人身保险的投保人在保险合同订立时，对被保险人应当具有保险利益。

财产保险的被保险人在保险事故发生时，对保险标的应当具有保险利益。

人身保险是以人的寿命和身体为保险标的的保险。

财产保险是以财产及其有关利益为保险标的的保险。

被保险人是指其财产或者人身受保险合同保障，享有保险金请求权的人。投保人可以为被保险人。

保险利益是指投保人或者被保险人对保险标的具有的法律上承认的利益。

● 行政法规及文件

《志愿服务条例》（2017年8月22日）

第17条　志愿服务组织应当为志愿者参与志愿服务活动提供必要条件，解决志愿者在志愿服务过程中遇到的困难，维护志愿者的合法权益。

志愿服务组织安排志愿者参与可能发生人身危险的志愿服务活动前，应当为志愿者购买相应的人身意外伤害保险。

第八章　应急慈善

第七十条　重大突发事件救助

发生重大突发事件需要迅速开展救助时，履行统一领导职责或者组织处置突发事件的人民政府应当依法建立协调机制，明确专门机构、人员，提供需求信息，及时有序引导慈善组织、志愿者等社会力量开展募捐和救助活动。

● 行政法规及文件

《志愿服务条例》（2017年8月22日）

第24条　发生重大自然灾害、事故灾难和公共卫生事件等突发事件，需要迅速开展救助的，有关人民政府应当建立协调机制，提供需求信息，引导志愿服务组织和志愿者及时有序开展志愿服务活动。

志愿服务组织、志愿者开展应对突发事件的志愿服务活动，应当接受有关人民政府设立的应急指挥机构的统一指挥、协调。

第七十一条 应急慈善机制

国家鼓励慈善组织、慈善行业组织建立应急机制，加强信息共享、协商合作，提高慈善组织运行和慈善资源使用的效率。

在发生重大突发事件时，鼓励慈善组织、志愿者等在有关人民政府的协调引导下依法开展或者参与慈善活动。

第七十二条 重大突发事件公开募捐

为应对重大突发事件开展公开募捐的，应当及时分配或者使用募得款物，在应急处置与救援阶段至少每五日公开一次募得款物的接收情况，及时公开分配、使用情况。

第七十三条 重大突发事件公开募捐备案

为应对重大突发事件开展公开募捐，无法在募捐活动前办理募捐方案备案的，应当在活动开始后十日内补办备案手续。

第七十四条 捐赠款物分配送达

县级以上人民政府及其有关部门应当为捐赠款物分配送达提供便利条件。乡级人民政府、街道办事处和村民委员会、居民委员会，应当为捐赠款物分配送达、信息统计等提供力所能及的帮助。

第九章 信息公开

第七十五条 慈善信息统计和发布

国家建立健全慈善信息统计和发布制度。

国务院民政部门建立健全统一的慈善信息平台，免费提供慈善信息发布服务。

县级以上人民政府民政部门应当在前款规定的平台及时向社会公开慈善信息。

慈善组织和慈善信托的受托人应当在本条第二款规定的平台发布慈善信息，并对信息的真实性负责。

● 法　律

1.《统计法》（2009年6月27日）

第2条　本法适用于各级人民政府、县级以上人民政府统计机构和有关部门组织实施的统计活动。

统计的基本任务是对经济社会发展情况进行统计调查、统计分析，提供统计资料和统计咨询意见，实行统计监督。

第3条　国家建立集中统一的统计系统，实行统一领导、分级负责的统计管理体制。

第11条　统计调查项目包括国家统计调查项目、部门统计调查项目和地方统计调查项目。

国家统计调查项目是指全国性基本情况的统计调查项目。部门统计调查项目是指国务院有关部门的专业性统计调查项目。地方统计调查项目是指县级以上地方人民政府及其部门的地方性统计调查项目。

国家统计调查项目、部门统计调查项目、地方统计调查项目应当明确分工，互相衔接，不得重复。

第17条　国家制定统一的统计标准，保障统计调查采用的指标涵义、计算方法、分类目录、调查表式和统计编码等的标准化。

国家统计标准由国家统计局制定，或者由国家统计局和国务院标准化主管部门共同制定。

国务院有关部门可以制定补充性的部门统计标准，报国家统计局审批。部门统计标准不得与国家统计标准相抵触。

● 部门规章及文件

2.《慈善组织信息公开办法》（2018年8月6日）

第4条　慈善组织应当自下列基本信息形成之日起30日内，在统一信息平台向社会公开：

（一）经民政部门核准的章程；

（二）决策、执行、监督机构成员信息；

（三）下设的办事机构、分支机构、代表机构、专项基金和其他机构的名称、设立时间、存续情况、业务范围或者主要职能；

（四）发起人、主要捐赠人、管理人员、被投资方以及与慈善组织存在控制、共同控制或者重大影响关系的个人或者组织（以下简称重要关联方）；

（五）本组织的联系人、联系方式，以本组织名义开通的门户网站、官方微博、官方微信或者移动客户端等网络平台；

（六）本组织的信息公开制度、项目管理制度、财务和资产管理制度。

基本信息中属于慈善组织登记事项的，由民政部门予以公开，慈善组织可以免予公开。

慈善组织可以将基本信息制作纸质文本置于本组织的住所，方便社会公众查阅、复制。

第9条　慈善组织在设立慈善项目时，应当在统一信息平台公开该慈善项目的名称和内容，慈善项目结束的，应当公开有关情况。

具有公开募捐资格的慈善组织为慈善项目开展公开募捐活动的，还应当公开相关募捐活动的名称。

慈善项目由慈善信托支持的，还应当公开相关慈善信托的名称。

第10条　具有公开募捐资格的慈善组织，应当在慈善项目终止后三个月内，在统一信息平台向社会公开慈善项目实施情况，包括：项目名称、项目内容、实施地域、受益人群、来自公开募捐和其他来源的收入、项目的支出情况，项目终止后有剩余财产的还应当公开剩余财产的处理情况。

项目实施周期超过六个月的，至少每三个月公开一次项目实施情况。

第11条　慈善组织担任慈善信托受托人的，应当每年至少一次将信托事务处理情况及财务状况在统一信息平台向社会公开。

第12条　慈善组织发生下列情形后30日内，应当在统一信息平台向社会公开具体内容和金额：

（一）重大资产变动；

（二）重大投资；

（三）重大交易及资金往来。

前款中规定的重大资产变动、重大投资、重大交易及资金往来的具体标准，由慈善组织依据有关法律法规规章在本组织章程或者财务资产管理制度中规定。

第13条 慈善组织在下列关联交易等行为发生后30日内，应当在统一信息平台向社会公开具体内容和金额：

（一）接受重要关联方捐赠；

（二）对重要关联方进行资助；

（三）与重要关联方共同投资；

（四）委托重要关联方开展投资活动；

（五）与重要关联方发生交易；

（六）与重要关联方发生资金往来。

第七十六条 政府部门的慈善信息公开

县级以上人民政府民政部门和其他有关部门应当及时向社会公开下列慈善信息：

（一）慈善组织登记事项；

（二）慈善信托备案事项；

（三）具有公开募捐资格的慈善组织名单；

（四）具有出具公益性捐赠税前扣除票据资格的慈善组织名单；

（五）对慈善活动的税收优惠、资助补贴等促进措施；

（六）向慈善组织购买服务的信息；

（七）对慈善组织、慈善信托开展检查、评估的结果；

（八）对慈善组织和其他组织以及个人的表彰、处罚结果；

（九）法律法规规定应当公开的其他信息。

● **行政法规及文件**

1. 《**政府信息公开条例**》（2019年4月3日）

    第2条 本条例所称政府信息，是指行政机关在履行行政管理职能过程中制作或者获取的，以一定形式记录、保存的信息。

● **部门规章及文件**

2. 《**慈善组织公开募捐管理办法**》（2016年8月31日）

    第20条 慈善组织应当依照有关规定定期将公开募捐情况和慈善项目实施情况向社会公开。

3. 《**慈善组织信息公开办法**》（2018年8月6日）

    第3条 慈善组织应当依照有关法律法规和本办法规定，在民政部门提供的统一的信息平台（以下简称统一信息平台），向社会公开下列信息：

    （一）本办法规定的基本信息；

    （二）年度工作报告和财务会计报告；

    （三）公开募捐情况；

    （四）慈善项目有关情况；

    （五）慈善信托有关情况；

    （六）重大资产变动及投资、重大交换交易及资金往来、关联交易行为等情况；

    （七）法律法规要求公开的其他信息。

    第5条 具有公开募捐资格的慈善组织应当公开的基本信息还包括：

    （一）按年度公开在本组织领取报酬从高到低排序前五位人员的报酬金额；

（二）本组织出国（境）经费、车辆购置及运行费用、招待费用、差旅费用的标准。

> **第七十七条　慈善组织、慈善信托受托人的信息公开**
>
> 　　慈善组织、慈善信托的受托人应当依法履行信息公开义务。信息公开应当真实、完整、及时。

● 部门规章及文件

《慈善组织信息公开办法》（2018 年 8 月 6 日）

　　第 2 条　慈善组织应当依法履行信息公开义务，信息公开应当真实、完整、及时。

　　慈善组织应当建立信息公开制度，明确信息公开的范围、方式和责任。

　　慈善组织应当对信息的真实性负责，不得有虚假记载、误导性陈述或者重大遗漏，不得以新闻发布、广告推广等形式代替应当履行的信息公开义务。

> **第七十八条　慈善组织信息公开内容**
>
> 　　慈善组织应当向社会公开组织章程和决策、执行、监督机构成员信息以及国务院民政部门要求公开的其他信息。上述信息有重大变更的，慈善组织应当及时向社会公开。
>
> 　　慈善组织应当每年向社会公开其年度工作报告和财务会计报告。具有公开募捐资格的慈善组织的财务会计报告须经审计。

● 部门规章及文件

《慈善组织信息公开办法》（2018年8月6日）

第6条 慈善组织应当按照有关法律法规规定的时限，将年度工作报告和财务会计报告在统一信息平台向社会公开。具有公开募捐资格的慈善组织的年度财务会计报告需经审计。

年度工作报告的具体内容和基本格式由国务院民政部门统一制定。

第七十九条 公开募捐和项目实施情况信息公开

具有公开募捐资格的慈善组织应当定期向社会公开其募捐情况和慈善项目实施情况。

公开募捐周期超过六个月的，至少每三个月公开一次募捐情况，公开募捐活动结束后三个月内应当全面、详细公开募捐情况。

慈善项目实施周期超过六个月的，至少每三个月公开一次项目实施情况，项目结束后三个月内应当全面、详细公开项目实施情况和募得款物使用情况。

● 法　律

1.《红十字会法》（2017年2月24日）

第19条 红十字会可以依法进行募捐活动。募捐活动应当符合《中华人民共和国慈善法》的有关规定。

● 部门规章及文件

2.《慈善组织信息公开办法》（2018年8月6日）

第8条 具有公开募捐资格的慈善组织开展公开募捐活动，应当在公开募捐活动结束后三个月内在统一信息平台公开下列信息：

（一）募得款物情况；

（二）已经使用的募得款物的用途，包括用于慈善项目和其他用途的支出情况；

（三）尚未使用的募得款物的使用计划。

公开募捐周期超过六个月的，至少每三个月公开一次前款第（一）、第（二）项所规定的信息。

第八十条　定向募捐告知义务

慈善组织开展定向募捐的，应当及时向捐赠人告知募捐情况、募得款物的管理使用情况。

● 部门规章及文件

《慈善组织信息公开办法》（2018 年 8 月 6 日）

第 15 条　慈善组织开展定向募捐的，应当及时向捐赠人告知募捐情况、捐赠款物管理使用情况。捐赠人要求将捐赠款物管理使用情况向社会公开的，慈善组织应当向社会公开。

第八十一条　向受益人履行告知义务

慈善组织、慈善信托的受托人应当向受益人告知其资助标准、工作流程和工作规范等信息。

● 部门规章及文件

《慈善组织信息公开办法》（2018 年 8 月 6 日）

第 9 条　慈善组织在设立慈善项目时，应当在统一信息平台公开该慈善项目的名称和内容，慈善项目结束的，应当公开有关情况。

具有公开募捐资格的慈善组织为慈善项目开展公开募捐活动的，还应当公开相关募捐活动的名称。

慈善项目由慈善信托支持的，还应当公开相关慈善信托的名称。

第16条 慈善组织应当向受益人告知其资助标准、工作流程和工作规范等信息。

鼓励慈善组织向社会公开前款规定的信息。

第八十二条　不得公开的事项

涉及国家秘密、商业秘密、个人隐私的信息以及捐赠人、慈善信托的委托人不同意公开的姓名、名称、住所、通讯方式等信息，不得公开。

● 部门规章及文件

《慈善组织信息公开办法》（2018年8月6日）

第19条 涉及国家秘密、商业秘密、个人隐私的信息以及捐赠人、志愿者、受益人、慈善信托的委托人不同意公开的姓名、名称、住所、通讯方式等信息，不得公开。

第20条 慈善组织不及时公开应当公开的事项或者公开的事项不真实的，任何单位或者个人可以向民政部门投诉、举报。

第21条 民政部门可以要求慈善组织就信息公开的相关事项作出说明，必要时可以进行约谈，并向社会公开。

第22条 慈善组织违反本办法规定的，民政部门可以责令限期改正。

第23条 慈善组织有下列情形的，民政部门依据《慈善法》

第九十九条的有关规定进行处罚：

（一）未依法履行信息公开义务的；

（二）泄露捐赠人、志愿者、受益人个人隐私以及捐赠人、志愿者、受益人、慈善信托的委托人不同意公开的姓名、名称、住所、通讯方式等信息的。

第24条 慈善组织在信息公开中违反有关法律法规规章和本办法规定的，民政部门应当进行记录，并将相关情况通报有关部门，根据有关规定实施联合惩戒。

第十章 促进措施

第八十三条 政府及其部门促进慈善事业的基本职责

县级以上人民政府应当将慈善事业纳入国民经济和社会发展规划，制定促进慈善事业发展的政策和措施。

县级以上人民政府有关部门应当在各自职责范围内，向慈善组织、慈善信托受托人等提供慈善需求信息，为慈善活动提供指导和帮助。

第八十四条 慈善信息共享机制

县级以上人民政府民政部门应当建立与其他部门之间的慈善信息共享机制。

● 部门规章及文件

《慈善组织信息公开办法》（2018年8月6日）

第18条 慈善组织对外公开有关机关登记、核准、备案的事项时，应当与有关机关的信息一致。

慈善组织公布的信息相互之间应当一致。

慈善组织在其他渠道公布的信息，应当与其在统一信息平台上公布的信息一致。

第20条 慈善组织不及时公开应当公开的事项或者公开的事项不真实的，任何单位或者个人可以向民政部门投诉、举报。

第八十五条 国家鼓励积极参与慈善事业

> 国家鼓励、引导、支持有意愿有能力的自然人、法人和非法人组织积极参与慈善事业。
>
> 国家对慈善事业实施税收优惠政策，具体办法由国务院财政、税务部门会同民政部门依照税收法律、行政法规的规定制定。

● 行政法规及文件

《企业所得法实施条例》（2019年4月23日）

第51条 企业所得税法第九条所称公益性捐赠，是指企业通过公益性社会组织或者县级以上人民政府及其部门，用于符合法律规定的慈善活动、公益事业的捐赠。

第52条 本条例第五十一条所称公益性社会组织，是指同时符合下列条件的慈善组织以及其他社会组织：

（一）依法登记，具有法人资格；

（二）以发展公益事业为宗旨，且不以营利为目的；

（三）全部资产及其增值为该法人所有；

（四）收益和营运结余主要用于符合该法人设立目的的事业；

（五）终止后的剩余财产不归属任何个人或者营利组织；

（六）不经营与其设立目的无关的业务；

（七）有健全的财务会计制度；

（八）捐赠者不以任何形式参与该法人财产的分配；

（九）国务院财政、税务主管部门会同国务院民政部门等登记管理部门规定的其他条件。

第八十六条　慈善组织税收优惠

慈善组织及其取得的收入依法享受税收优惠。

● 法　律

1. 《个人所得税法》（2018 年 8 月 31 日）

第 6 条　应纳税所得额的计算：

（一）居民个人的综合所得，以每一纳税年度的收入额减除费用六万元以及专项扣除、专项附加扣除和依法确定的其他扣除后的余额，为应纳税所得额。

（二）非居民个人的工资、薪金所得，以每月收入额减除费用五千元后的余额为应纳税所得额；劳务报酬所得、稿酬所得、特许权使用费所得，以每次收入额为应纳税所得额。

（三）经营所得，以每一纳税年度的收入总额减除成本、费用以及损失后的余额，为应纳税所得额。

（四）财产租赁所得，每次收入不超过四千元的，减除费用八百元；四千元以上的，减除百分之二十的费用，其余额为应纳税所得额。

（五）财产转让所得，以转让财产的收入额减除财产原值和合理费用后的余额，为应纳税所得额。

（六）利息、股息、红利所得和偶然所得，以每次收入额为应纳税所得额。

劳务报酬所得、稿酬所得、特许权使用费所得以收入减除百分之二十的费用后的余额为收入额。稿酬所得的收入额减按百分之七十计算。

个人将其所得对教育、扶贫、济困等公益慈善事业进行捐赠，捐赠额未超过纳税人申报的应纳税所得额百分之三十的部分，可以从其应纳税所得额中扣除；国务院规定对公益慈善事业捐赠实行全额税前扣除的，从其规定。

本条第一款第一项规定的专项扣除，包括居民个人按照国家规定的范围和标准缴纳的基本养老保险、基本医疗保险、失业保险等社会保险费和住房公积金等；专项附加扣除，包括子女教育、继续教育、大病医疗、住房贷款利息或者住房租金、赡养老人等支出，具体范围、标准和实施步骤由国务院确定，并报全国人民代表大会常务委员会备案。

2.《印花税法》（2021年6月10日）

第12条 下列凭证免征印花税：

（一）应税凭证的副本或者抄本；

（二）依照法律规定应当予以免税的外国驻华使馆、领事馆和国际组织驻华代表机构为获得馆舍书立的应税凭证；

（三）中国人民解放军、中国人民武装警察部队书立的应税凭证；

（四）农民、家庭农场、农民专业合作社、农村集体经济组织、村民委员会购买农业生产资料或者销售农产品书立的买卖合同和农业保险合同；

（五）无息或者贴息借款合同、国际金融组织向中国提供优惠贷款书立的借款合同；

（六）财产所有权人将财产赠与政府、学校、社会福利机构、慈善组织书立的产权转移书据；

（七）非营利性医疗卫生机构采购药品或者卫生材料书立的买卖合同；

（八）个人与电子商务经营者订立的电子订单。

根据国民经济和社会发展的需要，国务院对居民住房需求保障、企业改制重组、破产、支持小型微型企业发展等情形可以规定减征或者免征印花税，报全国人民代表大会常务委员会备案。

第八十七条 捐赠人税收优惠

自然人、法人和非法人组织捐赠财产用于慈善活动的，依法享受税收优惠。企业慈善捐赠支出超过法律规定的准予在计算企业所得税应纳税所得额时当年扣除的部分，允许结转以后三年内在计算应纳税所得额时扣除。

境外捐赠用于慈善活动的物资，依法减征或者免征进口关税和进口环节增值税。

● 法　律

1.《体育法》（2022年6月24日）

第78条　国家鼓励社会力量发展体育事业，鼓励对体育事业的捐赠和赞助，保障参与主体的合法权益。

通过捐赠财产等方式支持体育事业发展的，依法享受税收优惠等政策。

2.《家庭教育促进法》（2021年10月23日）

第12条　国家鼓励和支持自然人、法人和非法人组织为家庭教育事业进行捐赠或者提供志愿服务,对符合条件的,依法给予税收优惠。

国家对在家庭教育工作中做出突出贡献的组织和个人,按照有关规定给予表彰、奖励。

第八十八条 慈善信托税收优惠

自然人、法人和非法人组织设立慈善信托开展慈善活动的,依法享受税收优惠。

第八十九条 受益人税收优惠

受益人接受慈善捐赠,依法享受税收优惠。

第九十条 及时办理税收优惠手续

慈善组织、捐赠人、受益人依法享受税收优惠的,有关部门应当及时办理相关手续。

第九十一条 免征行政事业性费用

捐赠人向慈善组织捐赠实物、有价证券、股权和知识产权的,依法免征权利转让的相关行政事业性费用。

第九十二条 对扶贫济困的特殊优惠政策

国家对开展扶贫济困、参与重大突发事件应对、参与重大国家战略的慈善活动,实行特殊的优惠政策。

第九十三条 慈善服务设施用地

慈善组织开展本法第三条第一项、第二项规定的慈善活动需要慈善服务设施用地的，可以依法申请使用国有划拨土地或者农村集体建设用地。慈善服务设施用地非经法定程序不得改变用途。

第九十四条 金融政策支持

国家为慈善事业提供金融政策支持，鼓励金融机构为慈善组织、慈善信托提供融资和结算等金融服务。

第九十五条 政府购买慈善组织服务规定

各级人民政府及其有关部门可以依法通过购买服务等方式，支持符合条件的慈善组织向社会提供服务，并依照有关政府采购的法律法规向社会公开相关情况。

国家鼓励在慈善领域应用现代信息技术；鼓励社会力量通过公益创投、孵化培育、人员培训、项目指导等方式，为慈善组织提供资金支持和能力建设服务。

第九十六条 社区慈善组织

国家鼓励有条件的地方设立社区慈善组织，加强社区志愿者队伍建设，发展社区慈善事业。

第九十七条 弘扬慈善文化

国家采取措施弘扬慈善文化，培育公民慈善意识。

> 学校等教育机构应当将慈善文化纳入教育教学内容。国家鼓励高等学校培养慈善专业人才,支持高等学校和科研机构开展慈善理论研究。
>
> 广播、电视、报刊、互联网等媒体应当积极开展慈善公益宣传活动,普及慈善知识,传播慈善文化。

第九十八条　企事业单位和其他组织的支持

> 国家鼓励企业事业单位和其他组织为开展慈善活动提供场所和其他便利条件。

第九十九条　慈善项目冠名

> 经受益人同意,捐赠人对其捐赠的慈善项目可以冠名纪念,法律法规规定需要批准的,从其规定。

第一百条　慈善表彰

> 国家建立慈善表彰制度,对在慈善事业发展中做出突出贡献的自然人、法人和非法人组织,由县级以上人民政府或者有关部门予以表彰。

● **行政法规及文件**

《国务院关于促进慈善事业健康发展的指导意见》(2014年11月24日)

五、加强对慈善工作的组织领导

(一)建立健全组织协调机制。各级政府要将发展慈善事业作为社会建设的重要内容，纳入国民经济和社会发展总体规划和相关专项规划，加强慈善与社会救助、社会福利、社会保险等社会保障制度的衔接。各有关部门要建立健全慈善工作组织协调机制，及时解决慈善事业发展中遇到的突出困难和问题。

（二）完善慈善表彰奖励制度。国家对为慈善事业发展作出突出贡献、社会影响较大的个人、法人或者组织予以表彰。民政部要根据慈善事业发展的实际情况，及时修订完善"中华慈善奖"评选表彰办法，组织实施好评选表彰工作，在全社会营造良好的慈善氛围。各省（区、市）人民政府可按国家有关规定建立慈善表彰奖励制度。要抓紧出台有关措施，完善公民志愿服务记录制度，按照国家有关规定建立完善志愿者嘉许和回馈制度，鼓励更多的人参加志愿服务活动。

（三）完善慈善人才培养政策。要加快培养慈善事业发展急需的理论研究、高级管理、项目实施、专业服务和宣传推广等人才。加强慈善从业人员劳动权益保护和职业教育培训，逐步建立健全以慈善从业人员职称评定、信用记录、社会保险等为主要内容的人力资源管理体系，合理确定慈善行业工作人员工资待遇水平。

（四）加大对慈善工作的宣传力度。要充分利用报刊、广播、电视等媒体和互联网，以群众喜闻乐见的方式，大力宣传各类慈行善举和正面典型，以及慈善事业在服务困难群众、促进社会文明进步等方面的积极贡献，引导社会公众关心慈善、支持慈善、参与慈善。要着力推动慈善文化进机关、进企业、进学校、进社区、进乡村，弘扬中华民族团结友爱、互助共济的传统美德，为慈善事业发展营造良好社会氛围。

第一百零一条　信用激励制度

县级以上人民政府民政等有关部门将慈善捐赠、志愿服务记录等信息纳入相关主体信用记录，健全信用激励制度。

第一百零二条　慈善国际交流与合作

国家鼓励开展慈善国际交流与合作。

慈善组织接受境外慈善捐赠、与境外组织或者个人合作开展慈善活动的，根据国家有关规定履行批准、备案程序。

第十一章　监督管理

第一百零三条　监督管理职责

县级以上人民政府民政部门应当依法履行职责，对慈善活动进行监督检查，对慈善行业组织进行指导。

第一百零四条　监督管理措施

县级以上人民政府民政部门对涉嫌违反本法规定的慈善组织、慈善信托的受托人，有权采取下列措施：

（一）对慈善组织、慈善信托的受托人的住所和慈善活动发生地进行现场检查；

（二）要求慈善组织、慈善信托的受托人作出说明，查阅、复制有关资料；

（三）向与慈善活动有关的单位和个人调查与监督管理有关的情况；

（四）经本级人民政府批准，可以查询慈善组织的金融账户；

（五）法律、行政法规规定的其他措施。

慈善组织、慈善信托的受托人涉嫌违反本法规定的，县级以上人民政府民政部门可以对有关负责人进行约谈，要求其说明情况、提出改进措施。

其他慈善活动参与者涉嫌违反本法规定的，县级以上人民政府民政部门可以会同有关部门调查和处理。

● 行政法规及文件

1.《基金会管理条例》（2004 年 3 月 8 日）

第 34 条　基金会登记管理机关履行下列监督管理职责：

（一）对基金会、境外基金会代表机构实施年度检查；

（二）对基金会、境外基金会代表机构依照本条例及其章程开展活动的情况进行日常监督管理；

（三）对基金会、境外基金会代表机构违反本条例的行为依法进行处罚。

2.《社会团体登记管理条例》（2016 年 2 月 6 日）

第 27 条　社会团体必须执行国家规定的财务管理制度，接受财政部门的监督；资产来源属于国家拨款或者社会捐赠、资助的，还应当接受审计机关的监督。

社会团体在换届或者更换法定代表人之前，登记管理机关、业务主管单位应当组织对其进行财务审计。

第一百零五条 检查、调查要求

县级以上人民政府民政部门对慈善组织、有关单位和个人进行检查或者调查时，检查人员或者调查人员不得少于二人，并应当出示合法证件和检查、调查通知书。

● 法　律

《行政强制法》（2011年6月30日）

第18条　行政机关实施行政强制措施应当遵守下列规定：

（一）实施前须向行政机关负责人报告并经批准；

（二）由两名以上行政执法人员实施；

（三）出示执法身份证件；

（四）通知当事人到场；

（五）当场告知当事人采取行政强制措施的理由、依据以及当事人依法享有的权利、救济途径；

（六）听取当事人的陈述和申辩；

（七）制作现场笔录；

（八）现场笔录由当事人和行政执法人员签名或者盖章，当事人拒绝的，在笔录中予以注明；

（九）当事人不到场的，邀请见证人到场，由见证人和行政执法人员在现场笔录上签名或者盖章；

（十）法律、法规规定的其他程序。

第一百零六条 慈善信用记录和评估制度

县级以上人民政府民政部门应当建立慈善组织及其负责人、慈善信托的受托人信用记录制度，并向社会公布。

县级以上人民政府民政部门应当建立慈善组织评估制度，鼓励和支持第三方机构对慈善组织的内部治理、财务状况、项目开展情况以及信息公开等进行评估，并向社会公布评估结果。

第一百零七条 慈善行业自律

慈善行业组织应当建立健全行业规范，加强行业自律。

第一百零八条 社会监督

任何单位和个人发现慈善组织、慈善信托有违法行为的，可以向县级以上人民政府民政部门、其他有关部门或者慈善行业组织投诉、举报。民政部门、其他有关部门或者慈善行业组织接到投诉、举报后，应当及时调查处理。

国家鼓励公众、媒体对慈善活动进行监督，对假借慈善名义或者假冒慈善组织骗取财产以及慈善组织、慈善信托的违法违规行为予以曝光，发挥舆论和社会监督作用。

● 案例指引

杨某与某市人民政府行政纠纷案［（2020）京行终2754号］①

裁判摘要：《中华人民共和国慈善法》第九十七条规定，任何单位和个人发现慈善组织、慈善信托有违法行为的，可以向民政部门、其他有关部门或者慈善行业组织投诉、举报。民政部门、其他有关

---

① 本案例选自中国裁判文书网，最后访问时间：2024年1月3日。

部门或者慈善行业组织接到投诉、举报后，应当及时调查处理。国家鼓励公众、媒体对慈善活动进行监督，对假借慈善名义或者假冒慈善组织骗取财产以及慈善组织、慈善信托的违法违规行为予以曝光，发挥舆论和社会监督作用。《慈善组织信息公开办法》第二十条规定，慈善组织不及时公开应当公开的事项或者公开的事项不真实的，任何单位或者个人可以向民政部门投诉、举报。本案中，杨某投诉举报的主要内容为某慈善基金会存在未公开年度工作报告、对外投资信息、慈善项目实施情况，以及在不具备公募资格的情况下向不特定社会公众公开募捐的违法行为。根据上述法律和规章规定，杨某所投诉举报的事项是任何单位或者个人均可向民政部门提起的，系基于维护社会公共利益向行政机关提供违法线索的行为。杨某行使的是公民监督权，市民政局的调查处理结果与其没有行政法意义上的利害关系。市民政局对杨某作出的答复，仅为一种告知行为，对其权利义务不产生实际影响。市政府作出的行政复议不予受理决定未增设其权利义务，对其权利义务亦不产生实际影响。

第十二章　法　律　责　任

第一百零九条　慈善组织承担吊销登记证书等法律责任

慈善组织有下列情形之一的，由县级以上人民政府民政部门责令限期改正，予以警告或者责令限期停止活动，并没收违法所得；情节严重的，吊销登记证书并予以公告：

（一）未按照慈善宗旨开展活动的；

（二）私分、挪用、截留或者侵占慈善财产的；

（三）接受附加违反法律法规或者违背社会公德条件的捐赠，或者对受益人附加违反法律法规或者违背社会公德的条件的。

第一百一十条 责令限期整改的情形

慈善组织有下列情形之一的,由县级以上人民政府民政部门责令限期改正,予以警告,并没收违法所得;逾期不改正的,责令限期停止活动并进行整改:

(一)违反本法第十四条规定造成慈善财产损失的;

(二)指定或者变相指定捐赠人、慈善组织管理人员的利害关系人作为受益人的;

(三)将不得用于投资的财产用于投资的;

(四)擅自改变捐赠财产用途的;

(五)因管理不善造成慈善财产重大损失的;

(六)开展慈善活动的年度支出、管理费用或者募捐成本违反规定的;

(七)未依法履行信息公开义务的;

(八)未依法报送年度工作报告、财务会计报告或者报备募捐方案的;

(九)泄露捐赠人、志愿者、受益人个人隐私以及捐赠人、慈善信托的委托人不同意公开的姓名、名称、住所、通讯方式等信息的。

慈善组织违反本法规定泄露国家秘密、商业秘密的,依照有关法律的规定予以处罚。

慈善组织有前两款规定的情形,经依法处理后一年内再出现前款规定的情形,或者有其他情节严重情形的,由县级以上人民政府民政部门吊销登记证书并予以公告。

● **案例指引**

某基金会与某公司等环境污染责任纠纷上诉案［（2020）青民终160号］①

裁判摘要：本院认为，某基金会为公募基金会，其公益活动业务范围包括开展和资助生物多样性保护与绿色发展领域公众参与、社会监督等。某基金会后登记为慈善组织。依据《慈善法》第九十九条："慈善组织有下列情形之一的，由民政部门予以警告、责令限期改正；逾期不改正的，责令限期停止活动并进行整改：（一）违反本法第十四条规定造成慈善财产损失的；（二）将不得用于投资的财产用于投资的；（三）擅自改变捐赠财产用途的；（四）开展慈善活动的年度支出或者管理费用的标准违反本法第六十条规定的；（五）未依法履行信息公开义务的；（六）未依法报送年度工作报告、财务会计报告或者报备募捐方案的；（七）泄露捐赠人、志愿者、受益人个人隐私以及捐赠人、慈善信托的委托人不同意公开的姓名、名称、住所、通讯方式等信息的。慈善组织违反本法规定泄露国家秘密、商业秘密的，依照有关法律的规定予以处罚。慈善组织有前两款规定的情形，经依法处理后一年内再出现前款规定的情形，或者有其他情节严重情形的，由民政部门吊销登记证书并予以公告。"的规定，慈善组织应进行年检。某基金会提起本案环境污染责任诉讼，其提交的起诉前连续五年以上从事环境保护公益活动且无违法记录的年检证据有欠缺。依据《中华人民共和国环境保护法》第五十八条："对污染环境、破坏生态，损害社会公共利益的行为，符合下列条件的社会组织可以向人民法院提起诉讼：（一）依法在设区的市级以上人民政府民政部门登记；（二）专门从事环境保护公益活动连续五年以上且无违法记录。符合前款规定

---

① 本案例选自中国裁判文书网，最后访问时间：2024年1月3日。

的社会组织向人民法院提起诉讼，人民法院应当依法受理。提起诉讼的社会组织不得通过诉讼牟取经济利益。"《最高人民法院关于审理环境民事公益诉讼案件适用法律若干问题的解释》第五条："社会组织在提起诉讼前五年内未因从事业务活动违反法律、法规的规定受过行政、刑事处罚的，可以认定为环境保护法第五十八条规定的'无违法记录'。"规定，某基金会提交的年检报告，只能证明其在提起诉讼前四年内未因从事业务活动违反法律、法规的规定受过行政、刑事处罚，"无违法记录"，其提起本案诉讼的启动条件欠缺。

第一百一十一条　募捐活动违法责任

慈善组织开展募捐活动有下列情形之一的，由县级以上人民政府民政部门予以警告，责令停止募捐活动；责令退还违法募集的财产，无法退还的，由民政部门予以收缴，转给其他慈善组织用于慈善目的；情节严重的，吊销公开募捐资格证书或者登记证书并予以公告，公开募捐资格证书被吊销的，五年内不得再次申请：

（一）通过虚构事实等方式欺骗、诱导募捐对象实施捐赠的；

（二）向单位或者个人摊派或者变相摊派的；

（三）妨碍公共秩序、企业生产经营或者居民生活的；

（四）与不具有公开募捐资格的组织或者个人合作，违反本法第二十六条规定的；

（五）通过互联网开展公开募捐，违反本法第二十七条规定的；

（六）为应对重大突发事件开展公开募捐，不及时分配、使用募得款物的。

● **部门规章及文件**

公开募捐违法案件管辖规定（试行）（2018年11月30日）

第2条 本规定所称公开募捐违法案件，包括具有公开募捐资格的慈善组织在公开募捐活动中发生的违法案件，不具有公开募捐资格的慈善组织或者其他社会组织违法开展公开募捐活动的案件，以及社会组织以外的组织或者个人违法开展公开募捐活动的案件。

第3条 具有公开募捐资格的慈善组织在公开募捐活动中发生的违法案件，不具有公开募捐资格的慈善组织或者其他社会组织违法开展公开募捐活动的案件，由其登记的民政部门管辖。

第4条 社会组织以外的组织或者个人违法开展公开募捐活动的案件，由违法行为发生地的县级人民政府民政部门按照下列情形管辖：

（一）通过在公共场所设置募捐箱的方式开展公开募捐的，由募捐箱设置地的民政部门管辖；

（二）通过举办面向社会公众的义演、义赛、义卖、义展、义拍、慈善晚会等方式开展公开募捐的，由义演、义赛、义卖、义展、义拍、慈善晚会等活动举办地的民政部门管辖；

（三）通过广播、电视、报刊等媒体开展公开募捐的，由提供信息服务的广播电台、电视台、报刊出版单位所在地的民政部门管辖；

（四）通过互联网开展公开募捐的，由组织住所地、个人居住地等所在地民政部门管辖。无法确定所在地的，由互联网信息服务提供者许可或者备案机关所在地的民政部门管辖。

违法活动发生地涉及两个以上民政部门的，由共同上一级民政部门或者其指定的民政部门管辖。

第5条　民政部门发现或者收到有关公开募捐违法案件线索后，应当进行甄别。本机关有管辖权的，依法调查处理；不属于本机关管辖的，应当及时将案件材料移送有管辖权的民政部门，受移送的民政部门应当受理。

第6条　民政部门对管辖权发生争议的，由争议各方按照本规定确定的原则协商解决。协商不成的，由共同上一级民政部门指定的民政部门管辖。

第7条　上级民政部门指定管辖的，应当书面通知被指定的民政部门和其他相关民政部门。

相关民政部门收到上级民政部门书面通知后，应当及时将案件材料移送被指定管辖的民政部门。

第8条　民政部门在案件调查过程中，发现已有其他民政部门正在办理的，应当中止调查。管辖确定后，有管辖权的民政部门应当继续调查，其他民政部门应当及时移交案件材料。

第9条　对案件有管辖权的民政部门可以书面请其他民政部门协助调查。跨行政区域调查的，应当提前告知当地民政部门，当地民政部门应当予以配合。

● 案例指引

某区民政局、李某民政行政管理（民政）案［（2020）闽09行终80号］①

裁判摘要：上诉人作为民政管理机关，对社会团体设立登记及其活动，具有依法监督的法定职责。但上诉人所作答复认定事实不

---

① 本案例选自中国裁判文书网，最后访问时间：2024年1月3日。

清、适用法律错误、程序违法，依法应予撤销，并责令重新作出决定。原审法院对此所作判决结论并无不当，但对于原审第三人设立微信群开展相应的筹款活动，是适用《中华人民共和国慈善法》还是其他法律规范进行调整，应视上诉人在重作行政行为时，根据进一步调查情况依法准确认定。上诉人所提上诉无理，依法应予驳回。需要说明的是，本案原审第三人设立微信群，未办理社会团体登记，而以相应社会团体名义开展活动，具有违法性，依法应承担相应责任；但其目的是救助流浪动物，本身是一种有利于社会的公益活动，上诉人在重作行政行为时也可予以考量。

第一百一十二条　直接负责的主管人员、其他直接责任人员违法责任

慈善组织有本法第一百零九条、第一百一十条、第一百一十一条规定情形的，由县级以上人民政府民政部门对直接负责的主管人员和其他直接责任人员处二万元以上二十万元以下罚款，并没收违法所得；情节严重的，禁止其一年至五年内担任慈善组织的管理人员。

第一百一十三条　擅自开展公开募捐的法律责任

不具有公开募捐资格的组织或者个人擅自开展公开募捐的，由县级以上人民政府民政部门予以警告，责令停止募捐活动；责令退还违法募集的财产，无法退还的，由民政部门予以收缴，转给慈善组织用于慈善目的；情节严重的，对有关组织或者个人处二万元以上二十万元以下罚款。

自然人、法人或者非法人组织假借慈善名义或者假冒慈善组织骗取财产的，由公安机关依法查处。

● 部门规章及文件

《关于对慈善捐赠领域相关主体实施守信联合激励和失信联合惩戒的合作备忘录》（2018年2月11日）

三、失信联合惩戒的对象和措施

（一）联合惩戒对象

联合惩戒对象为在慈善捐赠活动中有失信行为的相关自然人、法人和非法人组织。其中包括：（1）被民政部门按照有关规定列入社会组织严重违法失信名单的慈善组织（以下简称"失信慈善组织"）。（2）上述组织的法定代表人和直接负责的主管人员。（3）在通过慈善组织捐赠中失信，被人民法院依法判定承担责任的捐赠人（以下简称"失信捐赠人"）。（4）在接受慈善组织资助中失信，被人民法院依法判定承担责任的受益人（以下简称"失信受益人"）。（5）被公安机关依法查处的假借慈善名义或假冒慈善组织骗取财产的自然人、法人和非法人组织。

（二）惩戒措施

1、对失信慈善组织，按照有关规定降低评估等级，情节严重的，取消评估等级。（实施单位：民政部）

2、取消或限制取得公益性捐赠税前扣除资格和优先获得政府购买服务、政府奖励资格。（实施单位：民政部、财政部）

3、失信慈善组织负责人，在其今后申请新的慈善组织、参与慈善活动事中事后监管中给予重点关注。（实施单位：民政部、教育部、文化部、环境保护部等有关部门）

4、捐赠人捐赠本企业产品不符合安全、卫生、环保等标准的，依法追究其产品安全责任。（实施单位：工商总局、卫生计生委、质检总局、食品药品监管总局等有关监管部门）

5、依法限制作为供应商参加政府采购活动。(实施单位:财政部)

6、在申请政府性资金支持时,采取从严审核、降低支持力度或不予支持等限制措施。(实施单位:财政部、国家发展改革委)

7、限制取得政府供应土地。(实施单位:国土资源部)

8、依法对申请发行企业债券不予受理;依法限制发行公司债券;限制注册非金融企业债务融资工具,并按照注册发行有关工作要求,强化信息披露,加强投资人保护机制管理,防范有关风险;在股票发行审核及在全国中小企业股份转让系统挂牌公开转让审核中,将其严重失信信息作为重要参考。(实施单位:国家发展改革委、证监会、人民银行)

9、引导金融机构按照风险定价原则,将失信主体相关信息作为银行授信决策和信贷管理的重要参考,对失信主体提高财产保险费率。(实施单位:人民银行、银监会、保监会)

10、在上市公司或者非上市公众公司收购的事中事后监管中予以重点关注。将其失信行为作为境内上市公司实行股权激励计划或相关人员成为股权激励对象事中事后监管的参考。将其失信行为作为非上市公众公司重大资产重组审核的参考。(实施单位:证监会)

11、限制申请科技扶持项目,将其严重失信行为记入科研诚信记录,并依据有关规定暂停审批其新的科技项目扶持资金申报等。(实施单位:科技部)

12、相关单位可在市场监管、现场检查等工作中予以参考。(实施单位:民政部、工商总局、税务总局、质检总局、食品药

品监管总局）

13、失信主体申请适用海关认证企业管理的，不予通过认证；已经成为认证企业的，按规定下调企业信用等级。（实施单位：海关总署）

14、失信主体办理海关业务时，对其进出口货物实施严密监管，加强单证审核、布控查验、加工贸易担保征收、后续稽查或统计监督核查。（实施单位：海关总署）

15、在高新技术企业认定、检验机构认可等工作中作为重要参考。（实施单位：科技部、质检总局等有关单位）

16、失信受益人信息作为在同一时段内认定低保、医疗救助、临时救助等社会救助对象、保障性住房等保障对象，以及复核其救助保障资格的重要参考。（实施单位：民政部、人力资源社会保障部、住房城乡建设部）

17、失信情况记入金融信用信息基础数据库，作为限制融资或授信的重要参考。（实施单位：人民银行等有关机构）

18、对申请人民法院强制执行的案件当事人，被人民法院按照有关规定依法采取限制消费措施或依法纳入失信被执行人名单的，限制乘坐飞机、列车软卧、G字头动车组列车、其他动车组列车一等以上座位等高消费及其他非生活和工作必需的消费行为。（实施单位：最高人民法院、民航局、铁路总公司等有关单位）

19、限制购买非经营必需车辆等非生活和工作必需的消费行为。（实施单位：住房城乡建设部等有关部门）

20、限制失信慈善组织从事互联网信息服务。（实施单位：工业和信息化部、民政部）

21、将其失信行为作为证券公司、基金管理公司、期货公司的设立及股权或实际控制人变更审批或备案，私募投资基金管理人登记、重大事项变更以及基金备案的参考。将其失信行为作为独立基金销售机构审批的参考。将其失信行为作为证券公司、基金管理公司、期货公司、保险公司的董事、监事和高级管理人员及分支机构负责人任职审批或备案的参考，对其证券、基金、期货从业资格申请予以从严审核，对已成为证券、基金、期货从业人员的相关主体予以重点关注。（实施单位：证监会、保监会）

22、限制取得荣誉称号和奖励，已取得的荣誉称号和奖励予以撤销。（实施单位：中央文明办、国务院扶贫办、全国总工会、共青团中央、全国妇联、中国科协及其他有关部门）

23、将失信主体的失信信息协调互联网新闻信息服务单位，向社会公布。（实施单位：中央网信办）

24、限制其取得认证机构资质；限制其获得认证证书。（实施单位：质检总局）

（三）联合惩戒的动态管理

民政部、国家发展改革委通过全国信用信息共享平台向签署本备忘录的其他部门和单位提供慈善捐赠领域失信责任主体信息并按照有关规定动态更新。有关单位根据各自的法定职责，按照法律法规和相关规定实施惩戒或解除惩戒。超过效力期限的，不再实施联合惩戒。同时，逐步建立惩戒效果定期通报机制，相关部门根据实际情况定期将联合惩戒的实施情况通过全国信用信息共享平台反馈至国家发展改革委和民政部。

● 案例指引

孙某某、蒋某诈骗案——假冒慈善机构骗取募捐（《最高人民法院发布第一批10个依法惩处妨害疫情防控犯罪典型案例之六》[1]）

裁判摘要：北京市西城区人民法院经审理认为，被告人孙某某、蒋某以非法占有为目的，假冒慈善机构的名义，以赈灾募捐为由，欲骗取公私财物，情节严重，其行为均构成诈骗罪。孙某某、蒋某假借抗疫之名，实施诈骗行为，主观恶性深，社会影响恶劣，应依法从严惩处。孙某某、蒋某已着手实施诈骗，因被及时查获而未得逞，系犯罪未遂，可以比照既遂从轻处罚。据此，于2020年2月28日以诈骗罪分别判处被告人孙某某、蒋某有期徒刑十个月，并处罚金人民币一万元。

第一百一十四条 互联网公开募捐法律责任

互联网公开募捐服务平台违反本法第二十七条规定的，由省级以上人民政府民政部门责令限期改正；逾期不改正的，由国务院民政部门取消指定。

未经指定的互联网信息服务提供者擅自提供互联网公开募捐服务的，由县级以上人民政府民政部门责令限期改正；逾期不改正的，由县级以上人民政府民政部门会同网信、工业和信息化部门依法进行处理。

广播、电视、报刊以及网络服务提供者、电信运营商未依法履行验证义务的，由其主管部门责令限期改正，予以警告；逾期不改正的，予以通报批评。

---

[1] 参见最高人民法院网站，https://www.court.gov.cn/fabu-xiangqing-222481.html，最后访问时间：2023年1月11日。

● 部门规章及文件

《公开募捐平台服务管理办法》(2016年8月30日)

第2条 本办法所称公开募捐平台服务,是指广播、电视、报刊及网络服务提供者、电信运营商为慈善组织开展公开募捐活动或者发布公开募捐信息提供的平台服务。

提供公开募捐平台服务的广播、电视、报刊、电信运营商应当符合《广播电视管理条例》《出版管理条例》《中华人民共和国电信条例》等规定的条件。通过互联网提供公开募捐平台服务的网络服务提供者应当依法由民政部指定,并符合《互联网信息服务管理办法》等规定的条件。

第3条 广播、电视、报刊以及网络服务提供者、电信运营商在提供公开募捐平台服务时,应当查验慈善组织的登记证书和公开募捐资格证书,不得代为接受慈善捐赠财产。

第4条 广播、电视、报刊以及网络服务提供者、电信运营商向慈善组织提供公开募捐平台服务应当签订协议,明确双方在公开募捐信息发布、募捐事项的真实性等方面的权利和义务。

第5条 广播、电视、报刊以及网络服务提供者、电信运营商发现慈善组织在开展公开募捐时有违法违规行为的,应当及时向批准其登记的民政部门报告。

第6条 广播、电视、报刊以及网络服务提供者、电信运营商应当记录和保存慈善组织的登记证书复印件、公开募捐资格证书复印件。网络服务提供者还应当记录、保存慈善组织在其平台上发布的有关信息。其中,登记证书、公开募捐资格证书相关信息的保存期限为自该慈善组织通过其平台最后一次开展公开募捐之日起不少于两年；募捐记录等其他信息的保存期限为自公开募捐完成之日起不少于两年。

第7条　民政部门发现慈善组织在使用公开募捐平台服务中有违法违规行为，需要要求广播、电视、报刊以及网络服务提供者、电信运营商协助调查的，广播、电视、报刊以及网络服务提供者、电信运营商应当予以配合。

第8条　广播、电视、报刊以及网络服务提供者、电信运营商停止为慈善组织提供公开募捐信息发布服务的，应当提前在本平台向社会公众告知。

第9条　鼓励广播、电视、报刊以及网络服务提供者、电信运营商为慈善组织提供公平、公正的信用评价服务，对开展公开募捐的慈善组织的信用情况客观、公正地进行采集与记录。

第10条　个人为了解决自己或者家庭的困难，通过广播、电视、报刊以及网络服务提供者、电信运营商发布求助信息时，广播、电视、报刊以及网络服务提供者、电信运营商应当在显著位置向公众进行风险防范提示，告知其信息不属于慈善公开募捐信息，真实性由信息发布个人负责。

第11条　各级民政部门依法对慈善组织通过广播、电视、报刊以及网络服务提供者、电信运营商提供的平台发布公开募捐信息、开展公开募捐的行为实施监督管理。慈善组织有违法违规情形的，由批准其登记的民政部门依法查处。

第12条　国务院及地方各级广播、电视、报刊及互联网信息内容管理部门、电信主管部门，在各自职责范围内，依法对广播、电视、报刊以及网络服务提供者、电信运营商为慈善组织开展公开募捐提供的平台服务实施监督管理，对违法违规行为进行查处。

第13条 民政部门应当建立健全与广播、电视、报刊及互联网信息内容管理部门、电信主管部门的信息沟通共享机制、信用信息披露机制和违法违规行为协查机制，强化协同监管。

● 案例指引

北京某互保科技有限公司与某网络服务合同纠纷案［（2019）京0105民初24711号］①

裁判摘要：1.《慈善法》未规制个人求助，只能借助私法规范予以规制。网络平台的平台规则是各方真实意思表示，同时为实践中网络个人求助的基本操作规范，可以作为裁判说理的依据。

2. 以社会主义核心价值观协调法与情理的冲突，在司法裁判中坚持司法的道德价值引领功能，以诚信作为求助人的基本准则，严格遵循司法过程的法律方法，以裁判求助人违约全额返还善款倡导诚信精神，同时客观公正看待网络平台的积极作用与审查瑕疵，督促网络个人求助行业自行健全行业规范，实现规则适用与价值引领的有机统一。

第一百一十五条 不依法出具捐赠票据或志愿服务证明的法律责任

> 慈善组织不依法向捐赠人开具捐赠票据、不依法向志愿者出具志愿服务记录证明或者不及时主动向捐赠人反馈有关情况的，由县级以上人民政府民政部门予以警告，责令限期改正；逾期不改正的，责令限期停止活动。

---

① 本案例选自中国裁判文书网，最后访问时间：2024年1月3日。

● 行政法规及文件

1. 《基金会管理条例》（2004 年 3 月 8 日）

第 44 条　基金会、境外基金会代表机构被责令停止活动的，由登记管理机关封存其登记证书、印章和财务凭证。

2. 《社会团体登记管理条例》（2016 年 2 月 6 日）

第 36 条　本条例施行前已经成立的社会团体，应当自本条例施行之日起 1 年内依照本条例有关规定申请重新登记。

第一百一十六条　骗取税收优惠的法律责任

慈善组织弄虚作假骗取税收优惠的，由税务机关依法查处；情节严重的，由县级以上人民政府民政部门吊销登记证书并予以公告。

● 法　律

《税收征收管理法》（2015 年 4 月 24 日）

第 52 条　因税务机关的责任，致使纳税人、扣缴义务人未缴或者少缴税款的，税务机关在三年内可以要求纳税人、扣缴义务人补缴税款，但是不得加收滞纳金。

因纳税人、扣缴义务人计算错误等失误，未缴或者少缴税款的，税务机关在三年内可以追征税款、滞纳金；有特殊情况的，追征期可以延长到五年。

对偷税、抗税、骗税的，税务机关追征其未缴或者少缴的税款、滞纳金或者所骗取的税款，不受前款规定期限的限制。

第 63 条　纳税人伪造、变造、隐匿、擅自销毁账簿、记账凭证，或者在账簿上多列支出或者不列、少列收入，或者经税务机关通知申报而拒不申报或者进行虚假的纳税申报，不缴或者少缴应纳税款的，是偷税。对纳税人偷税的，由税务机关追缴其不缴或者少缴的税款、滞纳金，并处不缴或者少缴的税款百分之五十以上五倍以下的罚款；构成犯罪的，依法追究刑事责任。

扣缴义务人采取前款所列手段，不缴或者少缴已扣、已收税款，由税务机关追缴其不缴或者少缴的税款、滞纳金，并处不缴或者少缴的税款百分之五十以上五倍以下的罚款；构成犯罪的，依法追究刑事责任。

第一百一十七条　危害国家安全和社会公共利益的法律责任

慈善组织从事、资助危害国家安全或者社会公共利益活动的，由有关机关依法查处，由县级以上人民政府民政部门吊销登记证书并予以公告。

● 法　律

《国家安全法》（2015年7月1日）

第77条　公民和组织应当履行下列维护国家安全的义务：

（一）遵守宪法、法律法规关于国家安全的有关规定；

（二）及时报告危害国家安全活动的线索；

（三）如实提供所知悉的涉及危害国家安全活动的证据；

（四）为国家安全工作提供便利条件或者其他协助；

（五）向国家安全机关、公安机关和有关军事机关提供必要的支持和协助；

（六）保守所知悉的国家秘密；

（七）法律、行政法规规定的其他义务。

任何个人和组织不得有危害国家安全的行为，不得向危害国家安全的个人或者组织提供任何资助或者协助。

第一百一十八条　受托人法律责任

慈善信托的委托人、受托人有下列情形之一的，由县级以上人民政府民政部门责令限期改正，予以警告，并没收违法所得；对直接负责的主管人员和其他直接责任人员处二万元以上二十万元以下罚款：

（一）将信托财产及其收益用于非慈善目的的；

（二）指定或者变相指定委托人、受托人及其工作人员的利害关系人作为受益人的；

（三）未按照规定将信托事务处理情况及财务状况向民政部门报告的；

（四）违反慈善信托的年度支出或者管理费用标准的；

（五）未依法履行信息公开义务的。

第一百一十九条　慈善服务中的法律责任

慈善服务过程中，因慈善组织或者志愿者过错造成受益人、第三人损害的，慈善组织依法承担赔偿责任；损害是由志愿者故意或者重大过失造成的，慈善组织可以向其追偿。

志愿者在参与慈善服务过程中，因慈善组织过错受到损害的，慈善组织依法承担赔偿责任；损害是由不可抗力造成的，慈善组织应当给予适当补偿。

第一百二十条　政府部门及其工作人员法律责任

县级以上人民政府民政部门和其他有关部门及其工作人员有下列情形之一的,由上级机关或者监察机关责令改正;依法应当给予处分的,由任免机关或者监察机关对直接负责的主管人员和其他直接责任人员给予处分:

(一)未依法履行信息公开义务的;

(二)摊派或者变相摊派捐赠任务,强行指定志愿者、慈善组织提供服务的;

(三)未依法履行监督管理职责的;

(四)违法实施行政强制措施和行政处罚的;

(五)私分、挪用、截留或者侵占慈善财产的;

(六)其他滥用职权、玩忽职守、徇私舞弊的行为。

第一百二十一条　治安管理处罚和刑事责任追究

违反本法规定,构成违反治安管理行为的,由公安机关依法给予治安管理处罚;构成犯罪的,依法追究刑事责任。

第十三章　附　　则

第一百二十二条　群众性互助互济活动

城乡社区组织、单位可以在本社区、单位内部开展群众性互助互济活动。

第一百二十三条　非慈善组织开展慈善活动

慈善组织以外的其他组织可以开展力所能及的慈善活动。

第一百二十四条　个人发布求助信息

个人因疾病等原因导致家庭经济困难，向社会发布求助信息的，求助人和信息发布人应当对信息真实性负责，不得通过虚构、隐瞒事实等方式骗取救助。

从事个人求助网络服务的平台应当经国务院民政部门指定，对通过其发布的求助信息真实性进行查验，并及时、全面向社会公开相关信息。具体管理办法由国务院民政部门会同网信、工业和信息化等部门另行制定。

● 行政法规及文件

《国务院关于全面建立临时救助制度的通知》（2014年10月3日）

五、强化临时救助制度实施的保障措施

（三）加强监督管理。县级以上地方人民政府要切实担负起临时救助政策制定、资金投入、工作保障和监督管理责任，乡镇人民政府（街道办事处）要切实履行临时救助受理、审核等职责，民政部门要会同卫生计生、教育、住房城乡建设、人力资源社会保障等部门，按照"一门受理、协同办理"的工作要求，明确各业务环节的经办主体责任，强化责任落实，确保困难群众求助有门、受助及时。民政、财政部门要会同有关部门将临时救助制度落实情况作为督查督办的重点内容，定期组织开展专项检查。财政、审计、监察部门要加强对临时救助资金管理使用情况的监督检查，防止挤占、挪用、套取等违纪违法现象发生。对于出具虚假证明材料骗取救助的单位和个人，要在社会信用体系中予以记录。临时救助实施情况要定期向社会公开，充分发挥社会监督作用，对于公众和媒体发现揭露的问题，应及时查处并公布处理结果。要完善临时救助责任追究制度，明确细化责任追究对象、方式和程序，加大行政问责力度，对因责任不落实、相互推诿、处置不及时等造成严重后果的单位和个人，要依纪依法追究责任。

第一百二十五条　施行日期

本法自2016年9月1日起施行。

● 案例指引

某公司等与某基金会合同纠纷 [（2020）京03民终5349号]①

裁判摘要： 本案中双方签订的《捐赠协议书》《补充协议》的时间为2013年9月23日，《中华人民共和国慈善法》第一百一十二条规定本法自2016年9月1日起施行，也就是说涉案的《捐赠协议书》《补充协议》签订时《中华人民共和国慈善法》并未颁布实施。《中华人民共和国立法法》第九十三条规定：法律、行政法规、地方性法规、自治条例和单行条、地方性法规及既往，但为了更好地保护公民、法人和其他组织的权利和利益而作的特别规定除外。因《中华人民共和国慈善法》对溯及力问题未做特别规定，应认定《中华人民共和国慈善法》不溯及既往，本案中涉及的《捐赠协议书》

---

① 本案例选自中国裁判文书网，最后访问时间：2024年1月3日。

《补充协议》不应适用《中华人民共和国慈善法》的相关规定。一审法院以涉案的2000万元在性质上属于捐赠款且老基会属于慈善组织，本案应适用《中华人民共和国慈善法》属法律适用错误，本院予以纠正。某公司的该项上诉理由于法有据，本院予以采信。因捐赠协议属于民法意义上的合同，故本案应适用《中华人民共和国合同法》、《中华人民共和国公益事业捐赠法》作为本案的定案依据。

附录一

中华人民共和国公益事业捐赠法

（1999年6月28日第九届全国人民代表大会常务委员会第十次会议通过 1999年6月28日中华人民共和国主席令第19号公布 自1999年9月1日起施行）

第一章 总 则

第一条 为了鼓励捐赠，规范捐赠和受赠行为，保护捐赠人、受赠人和受益人的合法权益，促进公益事业的发展，制定本法。

第二条 自然人、法人或者其他组织自愿无偿向依法成立的公益性社会团体和公益性非营利的事业单位捐赠财产，用于公益事业的，适用本法。

第三条 本法所称公益事业是指非营利的下列事项：

（一）救助灾害、救济贫困、扶助残疾人等困难的社会群体和个人的活动；

（二）教育、科学、文化、卫生、体育事业；

（三）环境保护、社会公共设施建设；

（四）促进社会发展和进步的其他社会公共和福利事业。

第四条 捐赠应当是自愿和无偿的，禁止强行摊派或者变相摊派，不得以捐赠为名从事营利活动。

第五条 捐赠财产的使用应当尊重捐赠人的意愿，符合公益目的，不得将捐赠财产挪作他用。

第六条 捐赠应当遵守法律、法规，不得违背社会公德，不得损害公共利益和其他公民的合法权益。

第七条 公益性社会团体受赠的财产及其增值为社会公共财产，受国家法律保护，任何单位和个人不得侵占、挪用和损毁。

第八条 国家鼓励公益事业的发展，对公益性社会团体和公益性非营利的事业单位给予扶持和优待。

国家鼓励自然人、法人或者其他组织对公益事业进行捐赠。

对公益事业捐赠有突出贡献的自然人、法人或者其他组织，由人民政府或者有关部门予以表彰。对捐赠人进行公开表彰，应当事先征求捐赠人的意见。

第二章　捐赠和受赠

第九条 自然人、法人或者其他组织可以选择符合其捐赠意愿的公益性社会团体和公益性非营利的事业单位进行捐赠。捐赠的财产应当是其有权处分的合法财产。

第十条 公益性社会团体和公益性非营利的事业单位可以依照本法接受捐赠。

本法所称公益性社会团体是指依法成立的，以发展公益事业为宗旨的基金会、慈善组织等社会团体。

本法所称公益性非营利的事业单位是指依法成立的，从事公益事业的不以营利为目的的教育机构、科学研究机构、医疗卫生机构、社会公共文化机构、社会公共体育机构和社会福利机构等。

第十一条 在发生自然灾害时或者境外捐赠人要求县级以上人民政府及其部门作为受赠人时，县级以上人民政府及其部门可以接受捐赠，并依照本法的有关规定对捐赠财产进行管理。

县级以上人民政府及其部门可以将受赠财产转交公益性社会团体或者公益性非营利的事业单位；也可以按照捐赠人的意愿分发或者兴办公益事业，但是不得以本机关为受益对象。

第十二条 捐赠人可以与受赠人就捐赠财产的种类、质量、数量和用途等内容订立捐赠协议。捐赠人有权决定捐赠的数量、用途和方式。

捐赠人应当依法履行捐赠协议，按照捐赠协议约定的期限和方式将捐赠财产转移给受赠人。

第十三条 捐赠人捐赠财产兴建公益事业工程项目，应当与受赠人订立捐赠协议，对工程项目的资金、建设、管理和使用作出约定。

捐赠的公益事业工程项目由受赠单位按照国家有关规定办理项目审批手续，并组织施工或者由受赠人和捐赠人共同组织施工。工程质量应当符合国家质量标准。

捐赠的公益事业工程项目竣工后，受赠单位应当将工程建设、建设资金的使用和工程质量验收情况向捐赠人通报。

第十四条 捐赠人对于捐赠的公益事业工程项目可以留名纪念；捐赠人单独捐赠的工程项目或者主要由捐赠人出资兴建的工程项目，可以由捐赠人提出工程项目的名称，报县级以上人民政府批准。

第十五条 境外捐赠人捐赠的财产，由受赠人按照国家有关规定办理入境手续；捐赠实行许可证管理的物品，由受赠人按照国家有关规定办理许可证申领手续，海关凭许可证验放、监管。

华侨向境内捐赠的，县级以上人民政府侨务部门可以协助办理有关入境手续，为捐赠人实施捐赠项目提供帮助。

第三章 捐赠财产的使用和管理

第十六条 受赠人接受捐赠后,应当向捐赠人出具合法、有效的收据,将受赠财产登记造册,妥善保管。

第十七条 公益性社会团体应当将受赠财产用于资助符合其宗旨的活动和事业。对于接受的救助灾害的捐赠财产,应当及时用于救助活动。基金会每年用于资助公益事业的资金数额,不得低于国家规定的比例。

公益性社会团体应当严格遵守国家的有关规定,按照合法、安全、有效的原则,积极实现捐赠财产的保值增值。

公益性非营利的事业单位应当将受赠财产用于发展本单位的公益事业,不得挪作他用。

对于不易储存、运输和超过实际需要的受赠财产,受赠人可以变卖,所取得的全部收入,应当用于捐赠目的。

第十八条 受赠人与捐赠人订立了捐赠协议的,应当按照协议约定的用途使用捐赠财产,不得擅自改变捐赠财产的用途。如果确需改变用途的,应当征得捐赠人的同意。

第十九条 受赠人应当依照国家有关规定,建立健全财务会计制度和受赠财产的使用制度,加强对受赠财产的管理。

第二十条 受赠人每年度应当向政府有关部门报告受赠财产的使用、管理情况,接受监督。必要时,政府有关部门可以对其财务进行审计。

海关对减免关税的捐赠物品依法实施监督和管理。

县级以上人民政府侨务部门可以参与对华侨向境内捐赠财产使用与管理的监督。

第二十一条 捐赠人有权向受赠人查询捐赠财产的使用、管理情况，并提出意见和建议。对于捐赠人的查询，受赠人应当如实答复。

第二十二条 受赠人应当公开接受捐赠的情况和受赠财产的使用、管理情况，接受社会监督。

第二十三条 公益性社会团体应当厉行节约，降低管理成本，工作人员的工资和办公费用从利息等收入中按照国家规定的标准开支。

第四章 优惠措施

第二十四条 公司和其他企业依照本法的规定捐赠财产用于公益事业，依照法律、行政法规的规定享受企业所得税方面的优惠。

第二十五条 自然人和个体工商户依照本法的规定捐赠财产用于公益事业，依照法律、行政法规的规定享受个人所得税方面的优惠。

第二十六条 境外向公益性社会团体和公益性非营利的事业单位捐赠的用于公益事业的物资，依照法律、行政法规的规定减征或者免征进口关税和进口环节的增值税。

第二十七条 对于捐赠的工程项目，当地人民政府应当给予支持和优惠。

第五章 法律责任

第二十八条 受赠人未征得捐赠人的许可，擅自改变捐赠财产的性质、用途的，由县级以上人民政府有关部门责令改正，给予警告。拒不改正的，经征求捐赠人的意见，由县级以上人民政府将捐赠财产交由与其宗旨相同或者相似的公益性社会团体或者公益性非营利的事业单位管理。

第二十九条 挪用、侵占或者贪污捐赠款物的，由县级以上人民政府有关部门责令退还所用、所得款物，并处以罚款；对直接责任人员，由所在单位依照有关规定予以处理；构成犯罪的，依法追究刑事责任。

依照前款追回、追缴的捐赠款物，应当用于原捐赠目的和用途。

第三十条 在捐赠活动中，有下列行为之一的，依照法律、法规的有关规定予以处罚；构成犯罪的，依法追究刑事责任：

（一）逃汇、骗购外汇的；

（二）偷税、逃税的；

（三）进行走私活动的；

（四）未经海关许可并且未补缴应缴税额，擅自将减税、免税进口的捐赠物资在境内销售、转让或者移作他用的。

第三十一条 受赠单位的工作人员，滥用职权，玩忽职守，徇私舞弊，致使捐赠财产造成重大损失的，由所在单位依照有关规定予以处理；构成犯罪的，依法追究刑事责任。

第六章 附 则

第三十二条 本法自1999年9月1日起施行。

中华人民共和国信托法

(2001年4月28日第九届全国人民代表大会常务委员会第二十一次会议通过 2001年4月28日中华人民共和国主席令第50号公布 自2001年10月1日起施行)

第一章 总　则

第一条 为了调整信托关系,规范信托行为,保护信托当事人的合法权益,促进信托事业的健康发展,制定本法。

第二条 本法所称信托,是指委托人基于对受托人的信任,将其财产权委托给受托人,由受托人按委托人的意愿以自己的名义,为受益人的利益或者特定目的,进行管理或者处分的行为。

第三条 委托人、受托人、受益人(以下统称信托当事人)在中华人民共和国境内进行民事、营业、公益信托活动,适用本法。

第四条 受托人采取信托机构形式从事信托活动,其组织和管理由国务院制定具体办法。

第五条 信托当事人进行信托活动,必须遵守法律、行政法规,遵循自愿、公平和诚实信用原则,不得损害国家利益和社会公共利益。

第二章　信托的设立

第六条 设立信托,必须有合法的信托目的。

第七条 设立信托,必须有确定的信托财产,并且该信托财产必须是委托人合法所有的财产。

本法所称财产包括合法的财产权利。

第八条 设立信托,应当采取书面形式。

书面形式包括信托合同、遗嘱或者法律、行政法规规定的其他书面文件等。

采取信托合同形式设立信托的,信托合同签订时,信托成立。采取其他书面形式设立信托的,受托人承诺信托时,信托成立。

第九条 设立信托,其书面文件应当载明下列事项:

(一)信托目的;

(二)委托人、受托人的姓名或者名称、住所;

(三)受益人或者受益人范围;

(四)信托财产的范围、种类及状况;

(五)受益人取得信托利益的形式、方法。

除前款所列事项外,可以载明信托期限、信托财产的管理方法、受托人的报酬、新受托人的选任方式、信托终止事由等事项。

第十条 设立信托,对于信托财产,有关法律、行政法规规定应当办理登记手续的,应当依法办理信托登记。

未依照前款规定办理信托登记的,应当补办登记手续;不补办的,该信托不产生效力。

第十一条 有下列情形之一的,信托无效:

(一)信托目的违反法律、行政法规或者损害社会公共利益;

(二)信托财产不能确定;

(三)委托人以非法财产或者本法规定不得设立信托的财产

设立信托；

（四）专以诉讼或者讨债为目的设立信托；

（五）受益人或者受益人范围不能确定；

（六）法律、行政法规规定的其他情形。

第十二条 委托人设立信托损害其债权人利益的，债权人有权申请人民法院撤销该信托。

人民法院依照前款规定撤销信托的，不影响善意受益人已经取得的信托利益。

本条第一款规定的申请权，自债权人知道或者应当知道撤销原因之日起一年内不行使的，归于消灭。

第十三条 设立遗嘱信托，应当遵守继承法关于遗嘱的规定。

遗嘱指定的人拒绝或者无能力担任受托人的，由受益人另行选任受托人；受益人为无民事行为能力人或者限制民事行为能力人的，依法由其监护人代行选任。遗嘱对选任受托人另有规定的，从其规定。

第三章 信托财产

第十四条 受托人因承诺信托而取得的财产是信托财产。

受托人因信托财产的管理运用、处分或者其他情形而取得的财产，也归入信托财产。

法律、行政法规禁止流通的财产，不得作为信托财产。

法律、行政法规限制流通的财产，依法经有关主管部门批准后，可以作为信托财产。

第十五条 信托财产与委托人未设立信托的其他财产相区

别。设立信托后，委托人死亡或者依法解散、被依法撤销、被宣告破产时，委托人是唯一受益人的，信托终止，信托财产作为其遗产或者清算财产；委托人不是唯一受益人的，信托存续，信托财产不作为其遗产或者清算财产；但作为共同受益人的委托人死亡或者依法解散、被依法撤销、被宣告破产时，其信托受益权作为其遗产或者清算财产。

第十六条 信托财产与属于受托人所有的财产（以下简称固有财产）相区别，不得归入受托人的固有财产或者成为固有财产的一部分。

受托人死亡或者依法解散、被依法撤销、被宣告破产而终止，信托财产不属于其遗产或者清算财产。

第十七条 除因下列情形之一外，对信托财产不得强制执行：

（一）设立信托前债权人已对该信托财产享有优先受偿的权利，并依法行使该权利的；

（二）受托人处理信托事务所产生债务，债权人要求清偿该债务的；

（三）信托财产本身应担负的税款；

（四）法律规定的其他情形。

对于违反前款规定而强制执行信托财产，委托人、受托人或者受益人有权向人民法院提出异议。

第十八条 受托人管理运用、处分信托财产所产生的债权，不得与其固有财产产生的债务相抵销。

受托人管理运用、处分不同委托人的信托财产所产生的债权债务，不得相互抵销。

第四章 信托当事人

第一节 委托人

第十九条 委托人应当是具有完全民事行为能力的自然人、法人或者依法成立的其他组织。

第二十条 委托人有权了解其信托财产的管理运用、处分及收支情况,并有权要求受托人作出说明。

委托人有权查阅、抄录或者复制与其信托财产有关的信托账目以及处理信托事务的其他文件。

第二十一条 因设立信托时未能预见的特别事由,致使信托财产的管理方法不利于实现信托目的或者不符合受益人的利益时,委托人有权要求受托人调整该信托财产的管理方法。

第二十二条 受托人违反信托目的处分信托财产或者因违背管理职责、处理信托事务不当致使信托财产受到损失的,委托人有权申请人民法院撤销该处分行为,并有权要求受托人恢复信托财产的原状或者予以赔偿;该信托财产的受让人明知是违反信托目的而接受该财产的,应当予以返还或者予以赔偿。

前款规定的申请权,自委托人知道或者应当知道撤销原因之日起一年内不行使的,归于消灭。

第二十三条 受托人违反信托目的处分信托财产或者管理运用、处分信托财产有重大过失的,委托人有权依照信托文件的规定解任受托人,或者申请人民法院解任受托人。

第二节 受托人

第二十四条 受托人应当是具有完全民事行为能力的自然

人、法人。

法律、行政法规对受托人的条件另有规定的，从其规定。

第二十五条　受托人应当遵守信托文件的规定，为受益人的最大利益处理信托事务。

受托人管理信托财产，必须恪尽职守，履行诚实、信用、谨慎、有效管理的义务。

第二十六条　受托人除依照本法规定取得报酬外，不得利用信托财产为自己谋取利益。

受托人违反前款规定，利用信托财产为自己谋取利益的，所得利益归入信托财产。

第二十七条　受托人不得将信托财产转为其固有财产。受托人将信托财产转为其固有财产的，必须恢复该信托财产的原状；造成信托财产损失的，应当承担赔偿责任。

第二十八条　受托人不得将其固有财产与信托财产进行交易或者将不同委托人的信托财产进行相互交易，但信托文件另有规定或者经委托人或者受益人同意，并以公平的市场价格进行交易的除外。

受托人违反前款规定，造成信托财产损失的，应当承担赔偿责任。

第二十九条　受托人必须将信托财产与其固有财产分别管理、分别记账，并将不同委托人的信托财产分别管理、分别记账。

第三十条　受托人应当自己处理信托事务，但信托文件另有规定或者有不得已事由的，可以委托他人代为处理。

受托人依法将信托事务委托他人代理的，应当对他人处理信托事务的行为承担责任。

第三十一条 同一信托的受托人有两个以上的,为共同受托人。

共同受托人应当共同处理信托事务,但信托文件规定对某些具体事务由受托人分别处理的,从其规定。

共同受托人共同处理信托事务,意见不一致时,按信托文件规定处理;信托文件未规定的,由委托人、受益人或者其利害关系人决定。

第三十二条 共同受托人处理信托事务对第三人所负债务,应当承担连带清偿责任。第三人对共同受托人之一所作的意思表示,对其他受托人同样有效。

共同受托人之一违反信托目的处分信托财产或者因违背管理职责、处理信托事务不当致使信托财产受到损失的,其他受托人应当承担连带赔偿责任。

第三十三条 受托人必须保存处理信托事务的完整记录。

受托人应当每年定期将信托财产的管理运用、处分及收支情况,报告委托人和受益人。

受托人对委托人、受益人以及处理信托事务的情况和资料负有依法保密的义务。

第三十四条 受托人以信托财产为限向受益人承担支付信托利益的义务。

第三十五条 受托人有权依照信托文件的约定取得报酬。信托文件未作事先约定的,经信托当事人协商同意,可以作出补充约定;未作事先约定和补充约定的,不得收取报酬。

约定的报酬经信托当事人协商同意,可以增减其数额。

第三十六条　受托人违反信托目的处分信托财产或者因违背管理职责、处理信托事务不当致使信托财产受到损失的，在未恢复信托财产的原状或者未予赔偿前，不得请求给付报酬。

第三十七条　受托人因处理信托事务所支出的费用、对第三人所负债务，以信托财产承担。受托人以其固有财产先行支付的，对信托财产享有优先受偿的权利。

受托人违背管理职责或者处理信托事务不当对第三人所负债务或者自己所受到的损失，以其固有财产承担。

第三十八条　设立信托后，经委托人和受益人同意，受托人可以辞任。本法对公益信托的受托人辞任另有规定的，从其规定。

受托人辞任的，在新受托人选出前仍应履行管理信托事务的职责。

第三十九条　受托人有下列情形之一的，其职责终止：

（一）死亡或者被依法宣告死亡；

（二）被依法宣告为无民事行为能力人或者限制民事行为能力人；

（三）被依法撤销或者被宣告破产；

（四）依法解散或者法定资格丧失；

（五）辞任或者被解任；

（六）法律、行政法规规定的其他情形。

受托人职责终止时，其继承人或者遗产管理人、监护人、清算人应当妥善保管信托财产，协助新受托人接管信托事务。

第四十条　受托人职责终止的，依照信托文件规定选任新受托人；信托文件未规定的，由委托人选任；委托人不指定或者无能力指定的,由受益人选任;受益人为无民事行为能力人或者限制民事行为能力人的,依法由其监护人代行选任。

原受托人处理信托事务的权利和义务,由新受托人承继。

第四十一条 受托人有本法第三十九条第一款第(三)项至第(六)项所列情形之一,职责终止的,应当作出处理信托事务的报告,并向新受托人办理信托财产和信托事务的移交手续。

前款报告经委托人或者受益人认可,原受托人就报告中所列事项解除责任。但原受托人有不正当行为的除外。

第四十二条 共同受托人之一职责终止的,信托财产由其他受托人管理和处分。

第三节 受益人

第四十三条 受益人是在信托中享有信托受益权的人。受益人可以是自然人、法人或者依法成立的其他组织。

委托人可以是受益人,也可以是同一信托的唯一受益人。

受托人可以是受益人,但不得是同一信托的唯一受益人。

第四十四条 受益人自信托生效之日起享有信托受益权。信托文件另有规定的,从其规定。

第四十五条 共同受益人按照信托文件的规定享受信托利益。信托文件对信托利益的分配比例或者分配方法未作规定的,各受益人按照均等的比例享受信托利益。

第四十六条 受益人可以放弃信托受益权。

全体受益人放弃信托受益权的,信托终止。

部分受益人放弃信托受益权的,被放弃的信托受益权按下列顺序确定归属:

（一）信托文件规定的人；

（二）其他受益人；

（三）委托人或者其继承人。

第四十七条 受益人不能清偿到期债务的，其信托受益权可以用于清偿债务，但法律、行政法规以及信托文件有限制性规定的除外。

第四十八条 受益人的信托受益权可以依法转让和继承，但信托文件有限制性规定的除外。

第四十九条 受益人可以行使本法第二十条至第二十三条规定的委托人享有的权利。受益人行使上述权利，与委托人意见不一致时，可以申请人民法院作出裁定。

受托人有本法第二十二条第一款所列行为，共同受益人之一申请人民法院撤销该处分行为的，人民法院所作出的撤销裁定，对全体共同受益人有效。

第五章　信托的变更与终止

第五十条 委托人是唯一受益人的，委托人或者其继承人可以解除信托。信托文件另有规定的，从其规定。

第五十一条 设立信托后，有下列情形之一的，委托人可以变更受益人或者处分受益人的信托受益权：

（一）受益人对委托人有重大侵权行为；

（二）受益人对其他共同受益人有重大侵权行为；

（三）经受益人同意；

（四）信托文件规定的其他情形。

有前款（一）项、第（三）项、第（四）项所列情形之一的，委托人可以解除信托。

第五十二条　信托不因委托人或者受托人的死亡、丧失民事行为能力、依法解散、被依法撤销或者被宣告破产而终止，也不因受托人的辞任而终止。但本法或者信托文件另有规定的除外。

第五十三条　有下列情形之一的，信托终止：

（一）信托文件规定的终止事由发生；

（二）信托的存续违反信托目的；

（三）信托目的已经实现或者不能实现；

（四）信托当事人协商同意；

（五）信托被撤销；

（六）信托被解除。

第五十四条　信托终止的，信托财产归属于信托文件规定的人；信托文件未规定的，按下列顺序确定归属：

（一）受益人或者其继承人；

（二）委托人或者其继承人。

第五十五条　依照前条规定，信托财产的归属确定后，在该信托财产转移给权利归属人的过程中，信托视为存续，权利归属人视为受益人。

第五十六条　信托终止后，人民法院依据本法第十七条的规定对原信托财产进行强制执行的，以权利归属人为被执行人。

第五十七条　信托终止后，受托人依照本法规定行使请求给付报酬、从信托财产中获得补偿的权利时，可以留置信托财产或者对信托财产的权利归属人提出请求。

第五十八条　信托终止的，受托人应当作出处理信托事务的清算报告。受益人或者信托财产的权利归属人对清算报告无异议的，受托人就清算报告所列事项解除责任。但受托人有不正当行为的除外。

第六章　公益信托

第五十九条　公益信托适用本章规定。本章未规定的，适用本法及其他相关法律的规定。

第六十条　为了下列公共利益目的之一而设立的信托，属于公益信托：

（一）救济贫困；

（二）救助灾民；

（三）扶助残疾人；

（四）发展教育、科技、文化、艺术、体育事业；

（五）发展医疗卫生事业；

（六）发展环境保护事业，维护生态环境；

（七）发展其他社会公益事业。

第六十一条　国家鼓励发展公益信托。

第六十二条　公益信托的设立和确定其受托人，应当经有关公益事业的管理机构（以下简称公益事业管理机构）批准。

未经公益事业管理机构的批准，不得以公益信托的名义进行活动。

公益事业管理机构对于公益信托活动应当给予支持。

第六十三条　公益信托的信托财产及其收益，不得用于非公益目的。

第六十四条　公益信托应当设置信托监察人。

信托监察人由信托文件规定。信托文件未规定的，由公益事业管理机构指定。

第六十五条 信托监察人有权以自己的名义，为维护受益人的利益，提起诉讼或者实施其他法律行为。

第六十六条 公益信托的受托人未经公益事业管理机构批准，不得辞任。

第六十七条 公益事业管理机构应当检查受托人处理公益信托事务的情况及财产状况。

受托人应当至少每年一次作出信托事务处理情况及财产状况报告，经信托监察人认可后，报公益事业管理机构核准，并由受托人予以公告。

第六十八条 公益信托的受托人违反信托义务或者无能力履行其职责的，由公益事业管理机构变更受托人。

第六十九条 公益信托成立后，发生设立信托时不能预见的情形，公益事业管理机构可以根据信托目的，变更信托文件中的有关条款。

第七十条 公益信托终止的，受托人应当于终止事由发生之日起十五日内，将终止事由和终止日期报告公益事业管理机构。

第七十一条 公益信托终止的，受托人作出的处理信托事务的清算报告，应当经信托监察人认可后，报公益事业管理机构核准，并由受托人予以公告。

第七十二条 公益信托终止，没有信托财产权利归属人或者信托财产权利归属人是不特定的社会公众的，经公益事业管理机构批准，受托人应当将信托财产用于与原公益目的相近似的目的，或者将信托财产转移给具有近似目的的公益组织或者其他公益信托。

第七十三条 公益事业管理机构违反本法规定的，委托人、受托人或者受益人有权向人民法院起诉。

第七章 附　则

第七十四条 本法自 2001 年 10 月 1 日起施行。

中华人民共和国红十字会法

（1993年10月31日第八届全国人民代表大会常务委员会第四次会议通过　根据2009年8月27日第十一届全国人民代表大会常务委员会第十次会议《关于修改部分法律的决定》修正　2017年2月24日第十二届全国人民代表大会常务委员会第二十六次会议修订　2017年2月24日中华人民共和国主席令第63号公布　自2017年5月8日起施行）

第一章　总　则

第一条　为了保护人的生命和健康，维护人的尊严，发扬人道主义精神，促进和平进步事业，保障和规范红十字会依法履行职责，制定本法。

第二条　中国红十字会是中华人民共和国统一的红十字组织，是从事人道主义工作的社会救助团体。

第三条　中华人民共和国公民，不分民族、种族、性别、职业、宗教信仰、教育程度，承认中国红十字会章程并缴纳会费的，可以自愿参加中国红十字会。

企业、事业单位及有关团体通过申请可以成为红十字会的团体会员。

国家鼓励自然人、法人以及其他组织参与红十字志愿服务。

国家支持在学校开展红十字青少年工作。

第四条　中国红十字会应当遵守宪法和法律，遵循国际红十字和红新月运动确立的基本原则，依照中国批准或者加入的日内瓦公约及其附加议定书和中国红十字会章程，独立自主地开展工作。

中国红十字会全国会员代表大会依法制定或者修改中国红十字会章程，章程不得与宪法和法律相抵触。

第五条 各级人民政府对红十字会给予支持和资助，保障红十字会依法履行职责，并对其活动进行监督。

第六条 中国红十字会根据独立、平等、互相尊重的原则，发展同各国红十字会和红新月会的友好合作关系。

第二章 组 织

第七条 全国建立中国红十字会总会。中国红十字会总会对外代表中国红十字会。

县级以上地方按行政区域建立地方各级红十字会，根据实际工作需要配备专职工作人员。

全国性行业根据需要可以建立行业红十字会。

上级红十字会指导下级红十字会工作。

第八条 各级红十字会设立理事会、监事会。理事会、监事会由会员代表大会选举产生，向会员代表大会负责并报告工作，接受其监督。

理事会民主选举产生会长和副会长。理事会执行会员代表大会的决议。

执行委员会是理事会的常设执行机构，其人员组成由理事会决定，向理事会负责并报告工作。

监事会民主推选产生监事长和副监事长。理事会、执行委员会工作受监事会监督。

第九条 中国红十字会总会可以设名誉会长和名誉副会长。名誉会长和名誉副会长由中国红十字会总会理事会聘请。

第十条 中国红十字会总会具有社会团体法人资格；地方各级红十字会、行业红十字会依法取得社会团体法人资格。

第三章 职 责

第十一条 红十字会履行下列职责：

（一）开展救援、救灾的相关工作，建立红十字应急救援体系。在战争、武装冲突和自然灾害、事故灾难、公共卫生事件等突发事件中，对伤病人员和其他受害者提供紧急救援和人道救助；

（二）开展应急救护培训，普及应急救护、防灾避险和卫生健康知识，组织志愿者参与现场救护；

（三）参与、推动无偿献血、遗体和人体器官捐献工作，参与开展造血干细胞捐献的相关工作；

（四）组织开展红十字志愿服务、红十字青少年工作；

（五）参加国际人道主义救援工作；

（六）宣传国际红十字和红新月运动的基本原则和日内瓦公约及其附加议定书；

（七）依照国际红十字和红新月运动的基本原则，完成人民政府委托事宜；

（八）依照日内瓦公约及其附加议定书的有关规定开展工作；

（九）协助人民政府开展与其职责相关的其他人道主义服务活动。

第十二条 在战争、武装冲突和自然灾害、事故灾难、公共卫生事件等突发事件中，执行救援、救助任务并标有红十字标志的人员、物资和交通工具有优先通行的权利。

第十三条 任何组织和个人不得阻碍红十字会工作人员依法履行救援、救助、救护职责。

第四章 标志与名称

第十四条 中国红十字会使用白底红十字标志。

红十字标志具有保护作用和标明作用。

红十字标志的保护使用，是标示在战争、武装冲突中必须受到尊重和保护的人员和设备、设施。其使用办法，依照日内瓦公约及其附加议定书的有关规定执行。

红十字标志的标明使用，是标示与红十字活动有关的人或者物。其使用办法，由国务院和中央军事委员会依据本法规定。

第十五条 国家武装力量的医疗卫生机构使用红十字标志，应当符合日内瓦公约及其附加议定书的有关规定。

第十六条 红十字标志和名称受法律保护。禁止利用红十字标志和名称牟利，禁止以任何形式冒用、滥用、篡改红十字标志和名称。

第五章 财产与监管

第十七条 红十字会财产的主要来源：

（一）红十字会会员缴纳的会费；

（二）境内外组织和个人捐赠的款物；

（三）动产和不动产的收入；

（四）人民政府的拨款；

（五）其他合法收入。

第十八条 国家对红十字会兴办的与其宗旨相符的公益事业给予扶持。

第十九条 红十字会可以依法进行募捐活动。募捐活动应当符合《中华人民共和国慈善法》的有关规定。

第二十条 红十字会依法接受自然人、法人以及其他组织捐赠的款物，应当向捐赠人开具由财政部门统一监（印）制的公益事业捐赠票据。捐赠人匿名或者放弃接受捐赠票据的，红十字会应当做好相关记录。

捐赠人依法享受税收优惠。

第二十一条 红十字会应当按照募捐方案、捐赠人意愿或者捐赠协议处分其接受的捐赠款物。

捐赠人有权查询、复制其捐赠财产管理使用的有关资料，红十字会应当及时主动向捐赠人反馈有关情况。

红十字会违反募捐方案、捐赠人意愿或者捐赠协议约定的用途，滥用捐赠财产的，捐赠人有权要求其改正；拒不改正的，捐赠人可以向人民政府民政部门投诉、举报或者向人民法院提起诉讼。

第二十二条 红十字会应当建立财务管理、内部控制、审计公开和监督检查制度。

红十字会的财产使用应当与其宗旨相一致。

红十字会对接受的境外捐赠款物，应当建立专项审查监督制度。

红十字会应当及时聘请依法设立的独立第三方机构，对捐赠款物的收入和使用情况进行审计，将审计结果向红十字会理事会和监事会报告,并向社会公布。

第二十三条 红十字会应当建立健全信息公开制度,规范信息发布,在统一的信息平台及时向社会公布捐赠款物的收入和使用情况,接受社会监督。

第二十四条 红十字会财产的收入和使用情况依法接受人民政府审计等部门的监督。

红十字会接受社会捐赠及其使用情况,依法接受人民政府民政部门的监督。

第二十五条 任何组织和个人不得私分、挪用、截留或者侵占红十字会的财产。

第六章 法律责任

第二十六条 红十字会及其工作人员有下列情形之一的,由同级人民政府审计、民政等部门责令改正;情节严重的,对直接负责的主管人员和其他直接责任人员依法给予处分;造成损害的,依法承担民事责任;构成犯罪的,依法追究刑事责任:

(一)违背募捐方案、捐赠人意愿或者捐赠协议,擅自处分其接受的捐赠款物的;

(二)私分、挪用、截留或者侵占财产的;

(三)未依法向捐赠人反馈情况或者开具捐赠票据的;

(四)未依法对捐赠款物的收入和使用情况进行审计的;

(五)未依法公开信息的;

(六)法律、法规规定的其他情形。

第二十七条 自然人、法人或者其他组织有下列情形之一,造成损害的,依法承担民事责任;构成违反治安管理行为的,依法给予治安管理处罚；构成犯罪的，依法追究刑事责任：

（一）冒用、滥用、篡改红十字标志和名称的；

（二）利用红十字标志和名称牟利的；

（三）制造、发布、传播虚假信息，损害红十字会名誉的；

（四）盗窃、损毁或者以其他方式侵害红十字会财产的；

（五）阻碍红十字会工作人员依法履行救援、救助、救护职责的；

（六）法律、法规规定的其他情形。

红十字会及其工作人员有前款第一项、第二项所列行为的，按照前款规定处罚。

第二十八条 各级人民政府有关部门及其工作人员在实施监督管理中滥用职权、玩忽职守、徇私舞弊的，对直接负责的主管人员和其他直接责任人员依法给予处分；构成犯罪的，依法追究刑事责任。

第七章 附 则

第二十九条 本法所称"国际红十字和红新月运动确立的基本原则"，是指一九八六年十月日内瓦国际红十字大会第二十五次会议通过的"国际红十字和红新月运动章程"中确立的人道、公正、中立、独立、志愿服务、统一和普遍七项基本原则。

本法所称"日内瓦公约"，是指中国批准的于一九四九年八月十二日订立的日内瓦四公约，即：《改善战地武装部队伤者病者境遇之日内瓦公约》、《改善海上武装部队伤者病者及遇船难者境遇之日内瓦公约》、《关于战俘待遇之日内瓦公约》和《关于战时保护平民之日内瓦公约》。

本法所称日内瓦公约"附加议定书",是指中国加入的于一九七七年六月八日订立的《一九四九年八月十二日日内瓦四公约关于保护国际性武装冲突受难者的附加议定书》和《一九四九年八月十二日日内瓦四公约关于保护非国际性武装冲突受难者的附加议定书》。

第三十条 本法自 2017 年 5 月 8 日起施行。

基金会管理条例

(2004年3月8日中华人民共和国国务院令第400号公布 自2004年6月1日起施行)

第一章 总 则

第一条 为了规范基金会的组织和活动，维护基金会、捐赠人和受益人的合法权益，促进社会力量参与公益事业，制定本条例。

第二条 本条例所称基金会，是指利用自然人、法人或者其他组织捐赠的财产，以从事公益事业为目的，按照本条例的规定成立的非营利性法人。

第三条 基金会分为面向公众募捐的基金会（以下简称公募基金会）和不得面向公众募捐的基金会（以下简称非公募基金会）。公募基金会按照募捐的地域范围，分为全国性公募基金会和地方性公募基金会。

第四条 基金会必须遵守宪法、法律、法规、规章和国家政策，不得危害国家安全、统一和民族团结，不得违背社会公德。

第五条 基金会依照章程从事公益活动，应当遵循公开、透明的原则。

第六条 国务院民政部门和省、自治区、直辖市人民政府民政部门是基金会的登记管理机关。

国务院民政部门负责下列基金会、基金会代表机构的登记管理工作：

（一）全国性公募基金会；

（二）拟由非内地居民担任法定代表人的基金会；

（三）原始基金超过 2000 万元，发起人向国务院民政部门提出设立申请的非公募基金会；

（四）境外基金会在中国内地设立的代表机构。

省、自治区、直辖市人民政府民政部门负责本行政区域内地方性公募基金会和不属于前款规定情况的非公募基金会的登记管理工作。

第七条 国务院有关部门或者国务院授权的组织，是国务院民政部门登记的基金会、境外基金会代表机构的业务主管单位。

省、自治区、直辖市人民政府有关部门或者省、自治区、直辖市人民政府授权的组织，是省、自治区、直辖市人民政府民政部门登记的基金会的业务主管单位。

第二章 设立、变更和注销

第八条 设立基金会，应当具备下列条件：

（一）为特定的公益目的而设立；

（二）全国性公募基金会的原始基金不低于 800 万元人民币，地方性公募基金会的原始基金不低于 400 万元人民币，非公募基金会的原始基金不低于 200 万元人民币；原始基金必须为到账货币资金；

（三）有规范的名称、章程、组织机构以及与其开展活动相适应的专职工作人员；

（四）有固定的住所；

（五）能够独立承担民事责任。

第九条 申请设立基金会，申请人应当向登记管理机关提交下列文件：

（一）申请书；

（二）章程草案；

（三）验资证明和住所证明；

（四）理事名单、身份证明以及拟任理事长、副理事长、秘书长简历；

（五）业务主管单位同意设立的文件。

第十条 基金会章程必须明确基金会的公益性质，不得规定使特定自然人、法人或者其他组织受益的内容。

基金会章程应当载明下列事项：

（一）名称及住所；

（二）设立宗旨和公益活动的业务范围；

（三）原始基金数额；

（四）理事会的组成、职权和议事规则，理事的资格、产生程序和任期；

（五）法定代表人的职责；

（六）监事的职责、资格、产生程序和任期；

（七）财务会计报告的编制、审定制度；

（八）财产的管理、使用制度；

（九）基金会的终止条件、程序和终止后财产的处理。

第十一条 登记管理机关应当自收到本条例第九条所列全部有效文件之日起60日内，作出准予或者不予登记的决定。准予登记的，发给《基金会法人登记证书》；不予登记的，应当书面说明理由。

基金会设立登记的事项包括：名称、住所、类型、宗旨、公益活动的业务范围、原始基金数额和法定代表人。

第十二条 基金会拟设立分支机构、代表机构的，应当向原登记管理机关提出登记申请，并提交拟设机构的名称、住所和负责人等情况的文件。

登记管理机关应当自收到前款所列全部有效文件之日起60日内作出准予或者不予登记的决定。准予登记的，发给《基金会分支（代表）机构登记证书》；不予登记的，应当书面说明理由。

基金会分支机构、基金会代表机构设立登记的事项包括：名称、住所、公益活动的业务范围和负责人。

基金会分支机构、基金会代表机构依据基金会的授权开展活动，不具有法人资格。

第十三条 境外基金会在中国内地设立代表机构，应当经有关业务主管单位同意后，向登记管理机关提交下列文件：

（一）申请书；

（二）基金会在境外依法登记成立的证明和基金会章程；

（三）拟设代表机构负责人身份证明及简历；

（四）住所证明；

（五）业务主管单位同意在中国内地设立代表机构的文件。

登记管理机关应当自收到前款所列全部有效文件之日起60日内，作出准予或者不予登记的决定。准予登记的，发给《境外基金会代表机构登记证书》；不予登记的，应当书面说明理由。

境外基金会代表机构设立登记的事项包括：名称、住所、公益活动的业务范围和负责人。

境外基金会代表机构应当从事符合中国公益事业性质的公益

活动。境外基金会对其在中国内地代表机构的民事行为，依照中国法律承担民事责任。

第十四条　基金会、境外基金会代表机构依照本条例登记后，应当依法办理税务登记。

基金会、境外基金会代表机构，凭登记证书依法申请组织机构代码、刻制印章、开立银行账户。

基金会、境外基金会代表机构应当将组织机构代码、印章式样、银行账号以及税务登记证件复印件报登记管理机关备案。

第十五条　基金会、基金会分支机构、基金会代表机构和境外基金会代表机构的登记事项需要变更的，应当向登记管理机关申请变更登记。

基金会修改章程，应当征得其业务主管单位的同意，并报登记管理机关核准。

第十六条　基金会、境外基金会代表机构有下列情形之一的，应当向登记管理机关申请注销登记：

（一）按照章程规定终止的；

（二）无法按照章程规定的宗旨继续从事公益活动的；

（三）由于其他原因终止的。

第十七条　基金会撤销其分支机构、代表机构的，应当向登记管理机关办理分支机构、代表机构的注销登记。

基金会注销的，其分支机构、代表机构同时注销。

第十八条　基金会在办理注销登记前，应当在登记管理机关、业务主管单位的指导下成立清算组织，完成清算工作。

基金会应当自清算结束之日起15日内向登记管理机关办理注销登记；在清算期间不得开展清算以外的活动。

第十九条 基金会、基金会分支机构、基金会代表机构以及境外基金会代表机构的设立、变更、注销登记,由登记管理机关向社会公告。

第三章 组织机构

第二十条 基金会设理事会,理事为5人至25人,理事任期由章程规定,但每届任期不得超过5年。理事任期届满,连选可以连任。

用私人财产设立的非公募基金会,相互间有近亲属关系的基金会理事,总数不得超过理事总人数的1/3;其他基金会,具有近亲属关系的不得同时在理事会任职。

在基金会领取报酬的理事不得超过理事总人数的1/3。

理事会设理事长、副理事长和秘书长,从理事中选举产生,理事长是基金会的法定代表人。

第二十一条 理事会是基金会的决策机构,依法行使章程规定的职权。

理事会每年至少召开2次会议。理事会会议须有2/3以上理事出席方能召开;理事会决议须经出席理事过半数通过方为有效。

下列重要事项的决议,须经出席理事表决,2/3以上通过方为有效:

(一)章程的修改;

(二)选举或者罢免理事长、副理事长、秘书长;

(三)章程规定的重大募捐、投资活动;

(四)基金会的分立、合并。

理事会会议应当制作会议记录,并由出席理事审阅、签名。

第二十二条 基金会设监事。监事任期与理事任期相同。理事、理事的近亲属和基金会财会人员不得兼任监事。

监事依照章程规定的程序检查基金会财务和会计资料，监督理事会遵守法律和章程的情况。

监事列席理事会会议，有权向理事会提出质询和建议，并应当向登记管理机关、业务主管单位以及税务、会计主管部门反映情况。

第二十三条 基金会理事长、副理事长和秘书长不得由现职国家工作人员兼任。基金会的法定代表人，不得同时担任其他组织的法定代表人。公募基金会和原始基金来自中国内地的非公募基金会的法定代表人，应当由内地居民担任。

因犯罪被判处管制、拘役或者有期徒刑，刑期执行完毕之日起未逾5年的，因犯罪被判处剥夺政治权利正在执行期间或者曾经被判处剥夺政治权利的，以及曾在因违法被撤销登记的基金会担任理事长、副理事长或者秘书长，且对该基金会的违法行为负有个人责任，自该基金会被撤销之日起未逾5年的，不得担任基金会的理事长、副理事长或者秘书长。

基金会理事遇有个人利益与基金会利益关联时，不得参与相关事宜的决策；基金会理事、监事及其近亲属不得与其所在的基金会有任何交易行为。

监事和未在基金会担任专职工作的理事不得从基金会获取报酬。

第二十四条 担任基金会理事长、副理事长或者秘书长的香港居民、澳门居民、台湾居民、外国人以及境外基金会代表机构的负责人，每年在中国内地居留时间不得少于3个月。

第四章　财产的管理和使用

第二十五条　基金会组织募捐、接受捐赠,应当符合章程规定的宗旨和公益活动的业务范围。境外基金会代表机构不得在中国境内组织募捐、接受捐赠。

公募基金会组织募捐,应当向社会公布募得资金后拟开展的公益活动和资金的详细使用计划。

第二十六条　基金会及其捐赠人、受益人依照法律、行政法规的规定享受税收优惠。

第二十七条　基金会的财产及其他收入受法律保护,任何单位和个人不得私分、侵占、挪用。

基金会应当根据章程规定的宗旨和公益活动的业务范围使用其财产;捐赠协议明确了具体使用方式的捐赠,根据捐赠协议的约定使用。

接受捐赠的物资无法用于符合其宗旨的用途时,基金会可以依法拍卖或者变卖,所得收入用于捐赠目的。

第二十八条　基金会应当按照合法、安全、有效的原则实现基金的保值、增值。

第二十九条　公募基金会每年用于从事章程规定的公益事业支出,不得低于上一年总收入的70%;非公募基金会每年用于从事章程规定的公益事业支出,不得低于上一年基金余额的8%。

基金会工作人员工资福利和行政办公支出不得超过当年总支出的10%。

第三十条　基金会开展公益资助项目,应当向社会公布所开展的公益资助项目种类以及申请、评审程序。

第三十一条 基金会可以与受助人签订协议,约定资助方式、资助数额以及资金用途和使用方式。

基金会有权对资助的使用情况进行监督。受助人未按协议约定使用资助或者有其他违反协议情形的,基金会有权解除资助协议。

第三十二条 基金会应当执行国家统一的会计制度,依法进行会计核算、建立健全内部会计监督制度。

第三十三条 基金会注销后的剩余财产应当按照章程的规定用于公益目的;无法按照章程规定处理的,由登记管理机关组织捐赠给与该基金会性质、宗旨相同的社会公益组织,并向社会公告。

第五章 监督管理

第三十四条 基金会登记管理机关履行下列监督管理职责:

(一)对基金会、境外基金会代表机构实施年度检查;

(二)对基金会、境外基金会代表机构依照本条例及其章程开展活动的情况进行日常监督管理;

(三)对基金会、境外基金会代表机构违反本条例的行为依法进行处罚。

第三十五条 基金会业务主管单位履行下列监督管理职责:

(一)指导、监督基金会、境外基金会代表机构依据法律和章程开展公益活动;

(二)负责基金会、境外基金会代表机构年度检查的初审;

(三)配合登记管理机关、其他执法部门查处基金会、境外基金会代表机构的违法行为。

第三十六条 基金会、境外基金会代表机构应当于每年3月31日前向登记管理机关报送上一年度工作报告，接受年度检查。年度工作报告在报送登记管理机关前应当经业务主管单位审查同意。

年度工作报告应当包括：财务会计报告、注册会计师审计报告，开展募捐、接受捐赠、提供资助等活动的情况以及人员和机构的变动情况等。

第三十七条 基金会应当接受税务、会计主管部门依法实施的税务监督和会计监督。

基金会在换届和更换法定代表人之前，应当进行财务审计。

第三十八条 基金会、境外基金会代表机构应当在通过登记管理机关的年度检查后，将年度工作报告在登记管理机关指定的媒体上公布，接受社会公众的查询、监督。

第三十九条 捐赠人有权向基金会查询捐赠财产的使用、管理情况，并提出意见和建议。对于捐赠人的查询，基金会应当及时如实答复。

基金会违反捐赠协议使用捐赠财产的，捐赠人有权要求基金会遵守捐赠协议或者向人民法院申请撤销捐赠行为、解除捐赠协议。

第六章 法律责任

第四十条 未经登记或者被撤销登记后以基金会、基金会分支机构、基金会代表机构或者境外基金会代表机构名义开展活动的，由登记管理机关予以取缔，没收非法财产并向社会公告。

第四十一条 基金会、基金会分支机构、基金会代表机构或者境外基金会代表机构有下列情形之一的，登记管理机关应当撤销登记：

（一）在申请登记时弄虚作假骗取登记的，或者自取得登记证书之日起 12 个月内未按章程规定开展活动的；

（二）符合注销条件，不按照本条例的规定办理注销登记仍继续开展活动的。

第四十二条　基金会、基金会分支机构、基金会代表机构或者境外基金会代表机构有下列情形之一的，由登记管理机关给予警告、责令停止活动；情节严重的，可以撤销登记：

（一）未按照章程规定的宗旨和公益活动的业务范围进行活动的；

（二）在填制会计凭证、登记会计账簿、编制财务会计报告中弄虚作假的；

（三）不按照规定办理变更登记的；

（四）未按照本条例的规定完成公益事业支出额度的；

（五）未按照本条例的规定接受年度检查，或者年度检查不合格的；

（六）不履行信息公布义务或者公布虚假信息的。

基金会、境外基金会代表机构有前款所列行为的，登记管理机关应当提请税务机关责令补交违法行为存续期间所享受的税收减免。

第四十三条　基金会理事会违反本条例和章程规定决策不当，致使基金会遭受财产损失的，参与决策的理事应当承担相应的赔偿责任。

基金会理事、监事以及专职工作人员私分、侵占、挪用基金会财产的，应当退还非法占用的财产；构成犯罪的，依法追究刑事责任。

第四十四条　基金会、境外基金会代表机构被责令停止活动的，由登记管理机关封存其登记证书、印章和财务凭证。

第四十五条　登记管理机关、业务主管单位工作人员滥用职权、玩忽职守、徇私舞弊，构成犯罪的，依法追究刑事责任；尚不构成犯罪的，依法给予行政处分或者纪律处分。

第七章　附　则

第四十六条　本条例所称境外基金会，是指在外国以及中华人民共和国香港特别行政区、澳门特别行政区和台湾地区合法成立的基金会。

第四十七条　基金会设立申请书、基金会年度工作报告的格式以及基金会章程范本，由国务院民政部门制订。

第四十八条　本条例自2004年6月1日起施行，1988年9月27日国务院发布的《基金会管理办法》同时废止。

本条例施行前已经设立的基金会、境外基金会代表机构，应当自本条例施行之日起6个月内，按照本条例的规定申请换发登记证书。

社会团体登记管理条例

（1998年10月25日中华人民共和国国务院令第250号发布 根据2016年2月6日《国务院关于修改部分行政法规的决定》修订）

第一章 总 则

第一条 为了保障公民的结社自由，维护社会团体的合法权益，加强对社会团体的登记管理，促进社会主义物质文明、精神文明建设，制定本条例。

第二条 本条例所称社会团体，是指中国公民自愿组成，为实现会员共同意愿，按照其章程开展活动的非营利性社会组织。

国家机关以外的组织可以作为单位会员加入社会团体。

第三条 成立社会团体，应当经其业务主管单位审查同意，并依照本条例的规定进行登记。

社会团体应当具备法人条件。

下列团体不属于本条例规定登记的范围：

（一）参加中国人民政治协商会议的人民团体；

（二）由国务院机构编制管理机关核定，并经国务院批准免于登记的团体；

（三）机关、团体、企业事业单位内部经本单位批准成立、在本单位内部活动的团体。

第四条 社会团体必须遵守宪法、法律、法规和国家政策，不得反对宪法确定的基本原则，不得危害国家的统一、安全和民族的团结，不得损害国家利益、社会公共利益以及其他组织和公民的合法权益，不得违背社会道德风尚。

社会团体不得从事营利性经营活动。

第五条 国家保护社会团体依照法律、法规及其章程开展活动，任何组织和个人不得非法干涉。

第六条 国务院民政部门和县级以上地方各级人民政府民政部门是本级人民政府的社会团体登记管理机关（以下简称登记管理机关）。

国务院有关部门和县级以上地方各级人民政府有关部门、国务院或者县级以上地方各级人民政府授权的组织，是有关行业、学科或者业务范围内社会团体的业务主管单位（以下简称业务主管单位）。

法律、行政法规对社会团体的监督管理另有规定的，依照有关法律、行政法规的规定执行。

第二章 管 辖

第七条 全国性的社会团体，由国务院的登记管理机关负责登记管理；地方性的社会团体，由所在地人民政府的登记管理机关负责登记管理；跨行政区域的社会团体，由所跨行政区域的共同上一级人民政府的登记管理机关负责登记管理。

第八条 登记管理机关、业务主管单位与其管辖的社会团体的住所不在一地的，可以委托社会团体住所地的登记管理机关、业务主管单位负责委托范围内的监督管理工作。

第三章 成立登记

第九条 申请成立社会团体，应当经其业务主管单位审查同意，由发起人向登记管理机关申请登记。

筹备期间不得开展筹备以外的活动。

第十条 成立社会团体，应当具备下列条件：

（一）有50个以上的个人会员或者30个以上的单位会员；个人会员、单位会员混合组成的，会员总数不得少于50个；

（二）有规范的名称和相应的组织机构；

（三）有固定的住所；

（四）有与其业务活动相适应的专职工作人员；

（五）有合法的资产和经费来源，全国性的社会团体有10万元以上活动资金，地方性的社会团体和跨行政区域的社会团体有3万元以上活动资金；

（六）有独立承担民事责任的能力。

社会团体的名称应当符合法律、法规的规定，不得违背社会道德风尚。社会团体的名称应当与其业务范围、成员分布、活动地域相一致，准确反映其特征。全国性的社会团体的名称冠以"中国"、"全国"、"中华"等字样的，应当按照国家有关规定经过批准，地方性的社会团体的名称不得冠以"中国"、"全国"、"中华"等字样。

第十一条 申请登记社会团体，发起人应当向登记管理机关提交下列文件：

（一）登记申请书；

（二）业务主管单位的批准文件；

（三）验资报告、场所使用权证明；

（四）发起人和拟任负责人的基本情况、身份证明；

（五）章程草案。

第十二条 登记管理机关应当自收到本条例第十一条所列全部有效文件之日起60日内,作出准予或者不予登记的决定。准予登记的,发给《社会团体法人登记证书》;不予登记的,应当向发起人说明理由。

社会团体登记事项包括:名称、住所、宗旨、业务范围、活动地域、法定代表人、活动资金和业务主管单位。

社会团体的法定代表人,不得同时担任其他社会团体的法定代表人。

第十三条 有下列情形之一的,登记管理机关不予登记:

(一)有根据证明申请登记的社会团体的宗旨、业务范围不符合本条例第四条的规定的;

(二)在同一行政区域内已有业务范围相同或者相似的社会团体,没有必要成立的;

(三)发起人、拟任负责人正在或者曾经受到剥夺政治权利的刑事处罚,或者不具有完全民事行为能力的;

(四)在申请登记时弄虚作假的;

(五)有法律、行政法规禁止的其他情形的。

第十四条 社会团体的章程应当包括下列事项:

(一)名称、住所;

(二)宗旨、业务范围和活动地域;

(三)会员资格及其权利、义务;

(四)民主的组织管理制度,执行机构的产生程序;

(五)负责人的条件和产生、罢免的程序;

(六)资产管理和使用的原则;

(七)章程的修改程序;

（八）终止程序和终止后资产的处理；

（九）应当由章程规定的其他事项。

第十五条 依照法律规定，自批准成立之日起即具有法人资格的社会团体，应当自批准成立之日起 60 日内向登记管理机关提交批准文件，申领《社会团体法人登记证书》。登记管理机关自收到文件之日起 30 日内发给《社会团体法人登记证书》。

第十六条 社会团体凭《社会团体法人登记证书》申请刻制印章，开立银行账户。社会团体应当将印章式样和银行账号报登记管理机关备案。

第十七条 社会团体的分支机构、代表机构是社会团体的组成部分，不具有法人资格，应当按照其所属于的社会团体的章程所规定的宗旨和业务范围，在该社会团体授权的范围内开展活动、发展会员。社会团体的分支机构不得再设立分支机构。

社会团体不得设立地域性的分支机构。

第四章 变更登记、注销登记

第十八条 社会团体的登记事项需要变更的，应当自业务主管单位审查同意之日起 30 日内，向登记管理机关申请变更登记。

社会团体修改章程，应当自业务主管单位审查同意之日起 30 日内，报登记管理机关核准。

第十九条 社会团体有下列情形之一的，应当在业务主管单位审查同意后，向登记管理机关申请注销登记：

（一）完成社会团体章程规定的宗旨的；

（二）自行解散的；

（三）分立、合并的；

（四）由于其他原因终止的。

第二十条　社会团体在办理注销登记前，应当在业务主管单位及其他有关机关的指导下，成立清算组织，完成清算工作。清算期间，社会团体不得开展清算以外的活动。

第二十一条　社会团体应当自清算结束之日起 15 日内向登记管理机关办理注销登记。办理注销登记，应当提交法定代表人签署的注销登记申请书、业务主管单位的审查文件和清算报告书。

登记管理机关准予注销登记的，发给注销证明文件，收缴该社会团体的登记证书、印章和财务凭证。

第二十二条　社会团体处分注销后的剩余财产，按照国家有关规定办理。

第二十三条　社会团体成立、注销或者变更名称、住所、法定代表人，由登记管理机关予以公告。

第五章　监督管理

第二十四条　登记管理机关履行下列监督管理职责：

（一）负责社会团体的成立、变更、注销的登记；

（二）对社会团体实施年度检查；

（三）对社会团体违反本条例的问题进行监督检查，对社会团体违反本条例的行为给予行政处罚。

第二十五条　业务主管单位履行下列监督管理职责：

（一）负责社会团体成立登记、变更登记、注销登记前的审查；

（二）监督、指导社会团体遵守宪法、法律、法规和国家政策，依据其章程开展活动；

（三）负责社会团体年度检查的初审；

（四）协助登记管理机关和其他有关部门查处社会团体的违法行为；

（五）会同有关机关指导社会团体的清算事宜。

业务主管单位履行前款规定的职责，不得向社会团体收取费用。

第二十六条 社会团体的资产来源必须合法，任何单位和个人不得侵占、私分或者挪用社会团体的资产。

社会团体的经费，以及开展章程规定的活动按照国家有关规定所取得的合法收入，必须用于章程规定的业务活动，不得在会员中分配。

社会团体接受捐赠、资助，必须符合章程规定的宗旨和业务范围，必须根据与捐赠人、资助人约定的期限、方式和合法用途使用。社会团体应当向业务主管单位报告接受、使用捐赠、资助的有关情况，并应当将有关情况以适当方式向社会公布。

社会团体专职工作人员的工资和保险福利待遇，参照国家对事业单位的有关规定执行。

第二十七条 社会团体必须执行国家规定的财务管理制度，接受财政部门的监督；资产来源属于国家拨款或者社会捐赠、资助的，还应当接受审计机关的监督。

社会团体在换届或者更换法定代表人之前，登记管理机关、业务主管单位应当组织对其进行财务审计。

第二十八条 社会团体应当于每年3月31日前向业务主管单位报送上一年度的工作报告，经业务主管单位初审同意后，于5

月31日前报送登记管理机关,接受年度检查。工作报告的内容包括:本社会团体遵守法律法规和国家政策的情况、依照本条例履行登记手续的情况、按照章程开展活动的情况、人员和机构变动的情况以及财务管理的情况。

对于依照本条例第十五条的规定发给《社会团体法人登记证书》的社会团体,登记管理机关对其应当简化年度检查的内容。

第六章 罚 则

第二十九条 社会团体在申请登记时弄虚作假,骗取登记的,或者自取得《社会团体法人登记证书》之日起1年未开展活动的,由登记管理机关予以撤销登记。

第三十条 社会团体有下列情形之一的,由登记管理机关给予警告,责令改正,可以限期停止活动,并可以责令撤换直接负责的主管人员;情节严重的,予以撤销登记;构成犯罪的,依法追究刑事责任:

(一)涂改、出租、出借《社会团体法人登记证书》,或者出租、出借社会团体印章的;

(二)超出章程规定的宗旨和业务范围进行活动的;

(三)拒不接受或者不按照规定接受监督检查的;

(四)不按照规定办理变更登记的;

(五)违反规定设立分支机构、代表机构,或者对分支机构、代表机构疏于管理,造成严重后果的;

(六)从事营利性的经营活动的;

(七)侵占、私分、挪用社会团体资产或者所接受的捐赠、资助的;

（八）违反国家有关规定收取费用、筹集资金或者接受、使用捐赠、资助的。

前款规定的行为有违法经营额或者违法所得的，予以没收，可以并处违法经营额1倍以上3倍以下或者违法所得3倍以上5倍以下的罚款。

第三十一条 社会团体的活动违反其他法律、法规的，由有关国家机关依法处理；有关国家机关认为应当撤销登记的，由登记管理机关撤销登记。

第三十二条 筹备期间开展筹备以外的活动，或者未经登记，擅自以社会团体名义进行活动，以及被撤销登记的社会团体继续以社会团体名义进行活动的，由登记管理机关予以取缔，没收非法财产；构成犯罪的，依法追究刑事责任；尚不构成犯罪的，依法给予治安管理处罚。

第三十三条 社会团体被责令限期停止活动的，由登记管理机关封存《社会团体法人登记证书》、印章和财务凭证。

社会团体被撤销登记的，由登记管理机关收缴《社会团体法人登记证书》和印章。

第三十四条 登记管理机关、业务主管单位的工作人员滥用职权、徇私舞弊、玩忽职守构成犯罪的，依法追究刑事责任；尚不构成犯罪的，依法给予行政处分。

第七章 附则

第三十五条 《社会团体法人登记证书》的式样由国务院民政部门制定。

对社会团体进行年度检查不得收取费用。

第三十六条 本条例施行前已经成立的社会团体,应当自本条例施行之日起1年内依照本条例有关规定申请重新登记。

第三十七条 本条例自发布之日起施行。1989年10月25日国务院发布的《社会团体登记管理条例》同时废止。

民办非企业单位登记管理暂行条例

(1998年10月25日中华人民共和国国务院令第251号发布 自发布之日起施行)

第一章 总 则

第一条 为了规范民办非企业单位的登记管理，保障民办非企业单位的合法权益，促进社会主义物质文明、精神文明建设，制定本条例。

第二条 本条例所称民办非企业单位，是指企业事业单位、社会团体和其他社会力量以及公民个人利用非国有资产举办的，从事非营利性社会服务活动的社会组织。

第三条 成立民办非企业单位，应当经其业务主管单位审查同意，并依照本条例的规定登记。

第四条 民办非企业单位应当遵守宪法、法律、法规和国家政策，不得反对宪法确定的基本原则，不得危害国家的统一、安全和民族的团结，不得损害国家利益、社会公共利益以及其他社会组织和公民的合法权益，不得违背社会道德风尚。

民办非企业单位不得从事营利性经营活动。

第五条 国务院民政部门和县级以上地方各级人民政府民政部门是本级人民政府的民办非企业单位登记管理机关（以下简称登记管理机关）。

国务院有关部门和县级以上地方各级人民政府的有关部门、国务院或者县级以上地方各级人民政府授权的组织，是有关行业、业务范围内民办非企业单位的业务主管单位（以下简称业务主管单位）。

法律、行政法规对民办非企业单位的监督管理另有规定的，依照有关法律、行政法规的规定执行。

第二章 管　辖

第六条　登记管理机关负责同级业务主管单位审查同意的民办非企业单位的登记管理。

第七条　登记管理机关、业务主管单位与其管辖的民办非企业单位的住所不在一地的，可以委托民办非企业单位住所地的登记管理机关、业务主管单位负责委托范围内的监督管理工作。

第三章 登　记

第八条　申请登记民办非企业单位，应当具备下列条件：

（一）经业务主管单位审查同意；

（二）有规范的名称、必要的组织机构；

（三）有与其业务活动相适应的从业人员；

（四）有与其业务活动相适应的合法财产；

（五）有必要的场所。

民办非企业单位的名称应当符合国务院民政部门的规定，不得冠以"中国"、"全国"、"中华"等字样。

第九条　申请民办非企业单位登记，举办者应当向登记管理机关提交下列文件：

（一）登记申请书；

（二）业务主管单位的批准文件；

（三）场所使用权证明；

（四）验资报告；

（五）拟任负责人的基本情况、身份证明；

（六）章程草案。

第十条 民办非企业单位的章程应当包括下列事项：

（一）名称、住所；

（二）宗旨和业务范围；

（三）组织管理制度；

（四）法定代表人或者负责人的产生、罢免的程序；

（五）资产管理和使用的原则；

（六）章程的修改程序；

（七）终止程序和终止后资产的处理；

（八）需要由章程规定的其他事项。

第十一条 登记管理机关应当自收到成立登记申请的全部有效文件之日起60日内作出准予登记或者不予登记的决定。

有下列情形之一的，登记管理机关不予登记，并向申请人说明理由：

（一）有根据证明申请登记的民办非企业单位的宗旨、业务范围不符合本条例第四条规定的；

（二）在申请成立时弄虚作假的；

（三）在同一行政区域内已有业务范围相同或者相似的民办非企业单位，没有必要成立的；

（四）拟任负责人正在或者曾经受到剥夺政治权利的刑事处罚，或者不具有完全民事行为能力的；

（五）有法律、行政法规禁止的其他情形的。

第十二条　准予登记的民办非企业单位，由登记管理机关登记民办非企业单位的名称、住所、宗旨和业务范围、法定代表人或者负责人、开办资金、业务主管单位，并根据其依法承担民事责任的不同方式，分别发给《民办非企业单位（法人）登记证书》、《民办非企业单位（合伙）登记证书》、《民办非企业单位（个体）登记证书》。

依照法律、其他行政法规规定，经有关主管部门依法审核或者登记，已经取得相应的执业许可证书的民办非企业单位，登记管理机关应当简化登记手续，凭有关主管部门出具的执业许可证明文件，发给相应的民办非企业单位登记证书。

第十三条　民办非企业单位不得设立分支机构。

第十四条　民办非企业单位凭登记证书申请刻制印章，开立银行账户。民办非企业单位应当将印章式样、银行账号报登记管理机关备案。

第十五条　民办非企业单位的登记事项需要变更的，应当自业务主管单位审查同意之日起 30 日内，向登记管理机关申请变更登记。

民办非企业单位修改章程，应当自业务主管单位审查同意之日起 30 日内，报登记管理机关核准。

第十六条　民办非企业单位自行解散的，分立、合并的，或者由于其他原因需要注销登记的，应当向登记管理机关办理注销登记。

民办非企业单位在办理注销登记前，应当在业务主管单位和其他有关机关的指导下，成立清算组织，完成清算工作。清算期间，民办非企业单位不得开展清算以外的活动。

第十七条 民办非企业单位法定代表人或者负责人应当自完成清算之日起 15 日内，向登记管理机关办理注销登记。办理注销登记，须提交注销登记申请书、业务主管单位的审查文件和清算报告。

登记管理机关准予注销登记的，发给注销证明文件，收缴登记证书、印章和财务凭证。

第十八条 民办非企业单位成立、注销以及变更名称、住所、法定代表人或者负责人，由登记管理机关予以公告。

第四章 监督管理

第十九条 登记管理机关履行下列监督管理职责：

（一）负责民办非企业单位的成立、变更、注销登记；

（二）对民办非企业单位实施年度检查；

（三）对民办非企业单位违反本条例的问题进行监督检查，对民办非企业单位违反本条例的行为给予行政处罚。

第二十条 业务主管单位履行下列监督管理职责：

（一）负责民办非企业单位成立、变更、注销登记前的审查；

（二）监督、指导民办非企业单位遵守宪法、法律、法规和国家政策，按照章程开展活动；

（三）负责民办非企业单位年度检查的初审；

（四）协助登记管理机关和其他有关部门查处民办非企业单位的违法行为；

（五）会同有关机关指导民办非企业单位的清算事宜。

业务主管单位履行前款规定的职责，不得向民办非企业单位收取费用。

第二十一条　民办非企业单位的资产来源必须合法，任何单位和个人不得侵占、私分或者挪用民办非企业单位的资产。

民办非企业单位开展章程规定的活动，按照国家有关规定取得的合法收入，必须用于章程规定的业务活动。

民办非企业单位接受捐赠、资助，必须符合章程规定的宗旨和业务范围，必须根据与捐赠人、资助人约定的期限、方式和合法用途使用。民办非企业单位应当向业务主管单位报告接受、使用捐赠、资助的有关情况，并应当将有关情况以适当方式向社会公布。

第二十二条　民办非企业单位必须执行国家规定的财务管理制度，接受财政部门的监督；资产来源属于国家资助或者社会捐赠、资助的，还应当接受审计机关的监督。

民办非企业单位变更法定代表人或者负责人，登记管理机关、业务主管单位应当组织对其进行财务审计。

第二十三条　民办非企业单位应当于每年3月31日前向业务主管单位报送上一年度的工作报告，经业务主管单位初审同意后，于5月31日前报送登记管理机关，接受年度检查。工作报告内容包括：本民办非企业单位遵守法律法规和国家政策的情况、依照本条例履行登记手续的情况、按照章程开展活动的情况、人员和机构变动的情况以及财务管理的情况。

对于依照本条例第十二条第二款的规定发给登记证书的民办非企业单位，登记管理机关对其应当简化年度检查的内容。

第五章　罚　则

第二十四条　民办非企业单位在申请登记时弄虚作假，骗取登记的，或者业务主管单位撤销批准的，由登记管理机关予以撤销登记。

第二十五条 民办非企业单位有下列情形之一的，由登记管理机关予以警告，责令改正，可以限期停止活动；情节严重的，予以撤销登记；构成犯罪的，依法追究刑事责任：

（一）涂改、出租、出借民办非企业单位登记证书，或者出租、出借民办非企业单位印章的；

（二）超出其章程规定的宗旨和业务范围进行活动的；

（三）拒不接受或者不按照规定接受监督检查的；

（四）不按照规定办理变更登记的；

（五）设立分支机构的；

（六）从事营利性的经营活动的；

（七）侵占、私分、挪用民办非企业单位的资产或者所接受的捐赠、资助的；

（八）违反国家有关规定收取费用、筹集资金或者接受使用捐赠、资助的。

前款规定的行为有违法经营额或者违法所得的，予以没收，可以并处违法经营额1倍以上3倍以下或者违法所得3倍以上5倍以下的罚款。

第二十六条 民办非企业单位的活动违反其他法律、法规的，由有关国家机关依法处理；有关国家机关认为应当撤销登记的，由登记管理机关撤销登记。

第二十七条 未经登记，擅自以民办非企业单位名义进行活动的，或者被撤销登记的民办非企业单位继续以民办非企业单位名义进行活动的，由登记管理机关予以取缔，没收非法财产；构成犯罪的，依法追究刑事责任；尚不构成犯罪的，依法给予治安管理处罚。

第二十八条 民办非企业单位被限期停止活动的，由登记管理机关封存其登记证书、印章和财务凭证。

民办非企业单位被撤销登记的，由登记管理机关收缴登记证书和印章。

第二十九条 登记管理机关、业务主管单位的工作人员滥用职权、徇私舞弊、玩忽职守构成犯罪的，依法追究刑事责任；尚不构成犯罪的，依法给予行政处分。

第六章　附　则

第三十条 民办非企业单位登记证书的式样由国务院民政部门制定。

对民办非企业单位进行年度检查不得收取费用。

第三十一条 本条例施行前已经成立的民办非企业单位，应当自本条例实施之日起1年内依照本条例有关规定申请登记。

第三十二条 本条例自发布之日起施行。

慈善组织认定办法

（2016年8月31日民政部令第58号公布　自2016年9月1日起施行）

第一条　为了规范慈善组织认定工作，根据《中华人民共和国慈善法》（以下简称《慈善法》）的规定，制定本办法。

第二条　《慈善法》公布前已经设立的基金会、社会团体、社会服务机构等非营利性组织，申请认定为慈善组织，适用本办法。

第三条　县级以上人民政府民政部门对其登记的基金会、社会团体、社会服务机构进行慈善组织认定。

第四条　基金会、社会团体、社会服务机构申请认定为慈善组织，应当符合下列条件：

（一）申请时具备相应的社会组织法人登记条件；

（二）以开展慈善活动为宗旨，业务范围符合《慈善法》第三条的规定；申请时的上一年度慈善活动的年度支出和管理费用符合国务院民政部门关于慈善组织的规定；

（三）不以营利为目的，收益和营运结余全部用于章程规定的慈善目的；财产及其孳息没有在发起人、捐赠人或者本组织成员中分配；章程中有关于剩余财产转给目的相同或者相近的其他慈善组织的规定；

（四）有健全的财务制度和合理的薪酬制度；

（五）法律、行政法规规定的其他条件。

第五条 有下列情形之一的，不予认定为慈善组织：

（一）有法律法规和国家政策规定的不得担任慈善组织负责人的情形的；

（二）申请前二年内受过行政处罚的；

（三）申请时被民政部门列入异常名录的；

（四）有其他违反法律法规和国家政策行为的。

第六条 申请认定为慈善组织，社会团体应当经会员（代表）大会表决通过，基金会、社会服务机构应当经理事会表决通过；有业务主管单位的，还应当经业务主管单位同意。

第七条 申请认定慈善组织的基金会，应当向民政部门提交下列材料：

（一）申请书；

（二）符合本办法第四条规定以及不存在第五条所列情形的书面承诺；

（三）按照本办法第六条规定召开会议形成的会议纪要。

申请认定为慈善组织的社会团体、社会服务机构，除前款规定的材料外，还应当向民政部门提交下列材料：

（一）关于申请理由、慈善宗旨、开展慈善活动等情况的说明；

（二）注册会计师出具的上一年度财务审计报告，含慈善活动年度支出和管理费用的专项审计。

有业务主管单位的，还应当提交业务主管单位同意的证明材料。

第八条 民政部门自收到全部有效材料后，应当依法进行审核。

情况复杂的，民政部门可以征求有关部门意见或者通过论证会、听证会等形式听取意见，也可以根据需要对该组织进行实地考察。

第九条 民政部门应当自受理申请之日起二十日内作出决定。符合慈善组织条件的，予以认定并向社会公告；不符合慈善组织条件的，不予认定并书面说明理由。

第十条 认定为慈善组织的基金会、社会团体、社会服务机构，由民政部门换发登记证书，标明慈善组织属性。

慈善组织符合税收法律法规规定条件的，依照税法规定享受税收优惠。

第十一条 基金会、社会团体、社会服务机构在申请时弄虚作假的，由民政部门撤销慈善组织的认定，将该组织及直接责任人纳入信用记录，并向社会公布。

对出具虚假审计报告的注册会计师及其所属的会计师事务所，由民政部门通报有关部门。

第十二条 本办法由民政部负责解释。

第十三条 本办法自2016年9月1日起施行。

慈善组织公开募捐管理办法

(2016年8月31日民政部令第59号公布　自2016年9月1日起施行)

第一条　为了规范慈善组织开展公开募捐，根据《中华人民共和国慈善法》(以下简称《慈善法》)，制定本办法。

第二条　慈善组织公开募捐资格和公开募捐活动管理，适用本办法。

第三条　依法取得公开募捐资格的慈善组织可以面向公众开展募捐。不具有公开募捐资格的组织和个人不得开展公开募捐。

第四条　县级以上人民政府民政部门依法对其登记的慈善组织公开募捐资格和公开募捐活动进行监督管理，并对本行政区域内涉及公开募捐的有关活动进行监督管理。

第五条　依法登记或者认定为慈善组织满二年的社会组织，申请公开募捐资格，应当符合下列条件：

(一) 根据法律法规和本组织章程建立规范的内部治理结构，理事会能够有效决策，负责人任职符合有关规定，理事会成员和负责人勤勉尽职，诚实守信；

(二) 理事会成员来自同一组织以及相互间存在关联关系组织的不超过三分之一，相互间具有近亲属关系的没有同时在理事会任职；

(三) 理事会成员中非内地居民不超过三分之一，法定代表人由内地居民担任；

（四）秘书长为专职，理事长（会长）、秘书长不得由同一人兼任，有与本慈善组织开展活动相适应的专职工作人员；

（五）在省级以上人民政府民政部门登记的慈善组织有三名以上监事组成的监事会；

（六）依法办理税务登记，履行纳税义务；

（七）按照规定参加社会组织评估，评估结果为3A及以上；

（八）申请时未纳入异常名录；

（九）申请公开募捐资格前二年，未因违反社会组织相关法律法规受到行政处罚，没有其他违反法律、法规、国家政策行为的。

《慈善法》公布前设立的非公募基金会、具有公益性捐赠税前扣除资格的社会团体，登记满二年，经认定为慈善组织的，可以申请公开募捐资格。

第六条　慈善组织申请公开募捐资格，应当向其登记的民政部门提交下列材料：

（一）申请书，包括本组织符合第五条各项条件的具体说明和书面承诺；

（二）注册会计师出具的申请前二年的财务审计报告，包括年度慈善活动支出和年度管理费用的专项审计；

（三）理事会关于申请公开募捐资格的会议纪要。

有业务主管单位的慈善组织，还应当提交经业务主管单位同意的证明材料。

评估等级在4A及以上的慈善组织免于提交第一款第二项、第三项规定的材料。

第七条　民政部门收到全部有效材料后，应当依法进行审核。

情况复杂的，民政部门可以征求有关部门意见或者通过论证会、听证会等形式听取意见，也可以根据需要对该组织进行实地考察。

第八条 民政部门应当自受理之日起二十日内作出决定。对符合条件的慈善组织，发给公开募捐资格证书；对不符合条件的，不发给公开募捐资格证书并书面说明理由。

第九条 《慈善法》公布前登记设立的公募基金会，凭其标明慈善组织属性的登记证书向登记的民政部门申领公开募捐资格证书。

第十条 开展公开募捐活动，应当依法制定募捐方案。募捐方案包括募捐目的、起止时间和地域、活动负责人姓名和办公地址、接受捐赠方式、银行账户、受益人、募得款物用途、募捐成本、剩余财产的处理等。

第十一条 慈善组织应当在开展公开募捐活动的十日前将募捐方案报送登记的民政部门备案。材料齐备的，民政部门应当即时受理，对予以备案的向社会公开；对募捐方案内容不齐备的，应当即时告知慈善组织，慈善组织应当在十日内向其登记的民政部门予以补正。

为同一募捐目的开展的公开募捐活动可以合并备案。公开募捐活动进行中，募捐方案的有关事项发生变化的，慈善组织应当在事项发生变化之日起十日内向其登记的民政部门补正并说明理由。

有业务主管单位的慈善组织，还应当同时将募捐方案报送业务主管单位。

开展公开募捐活动，涉及公共安全、公共秩序、消防等事项的，还应当按照其他有关规定履行批准程序。

第十二条　慈善组织为应对重大自然灾害、事故灾难和公共卫生事件等突发事件，无法在开展公开募捐活动前办理募捐方案备案的，应当在公开募捐活动开始后十日内补办备案手续。

第十三条　慈善组织在其登记的民政部门管辖区域外，以《慈善法》第二十三条第一款第一项、第二项方式开展公开募捐活动的，除向其登记的民政部门备案外，还应当在开展公开募捐活动十日前，向其开展募捐活动所在地的县级人民政府民政部门备案，提交募捐方案、公开募捐资格证书复印件、确有必要在当地开展公开募捐活动的情况说明。

第十四条　慈善组织开展公开募捐活动应当按照本组织章程载明的宗旨和业务范围，确定明确的募捐目的和捐赠财产使用计划；应当履行必要的内部决策程序；应当使用本组织账户，不得使用个人和其他组织的账户；应当建立公开募捐信息档案，妥善保管、方便查阅。

第十五条　慈善组织开展公开募捐活动，应当在募捐活动现场或者募捐活动载体的显著位置，公布本组织名称、公开募捐资格证书、募捐方案、联系方式、募捐信息查询方法等。

第十六条　慈善组织通过互联网开展公开募捐活动的，应当在民政部统一或者指定的慈善信息平台发布公开募捐信息，并可以同时在以本慈善组织名义开通的门户网站、官方微博、官方微信、移动客户端等网络平台发布公开募捐信息。

第十七条　具有公开募捐资格的慈善组织与不具有公开募捐资格的组织或者个人合作开展公开募捐活动，应当依法签订书面协议,使用具有公开募捐资格的慈善组织名义开展公开募捐活动;募捐活动的全部收支应当纳入该慈善组织的账户,由该慈善组织统一进行财务核算和管理,并承担法律责任。

第十八条 慈善组织为急难救助设立慈善项目,开展公开募捐活动时,应当坚持公开、公平、公正的原则,合理确定救助标准,监督受益人珍惜慈善资助,按照募捐方案的规定合理使用捐赠财产。

第十九条 慈善组织应当加强对募得捐赠财产的管理,依据法律法规、章程规定和募捐方案使用捐赠财产。确需变更募捐方案规定的捐赠财产用途的,应当召开理事会进行审议,报其登记的民政部门备案,并向社会公开。

第二十条 慈善组织应当依照有关规定定期将公开募捐情况和慈善项目实施情况向社会公开。

第二十一条 具有公开募捐资格的慈善组织有下列情形之一的,由登记的民政部门纳入活动异常名录并向社会公告:

(一)不符合本办法第五条规定条件的;

(二)连续六个月不开展公开募捐活动的。

第二十二条 慈善组织被依法撤销公开募捐资格的,应当立即停止公开募捐活动并将相关情况向社会公开。

出现前款规定情形的,民政部门应当及时向社会公告。

第二十三条 慈善组织有下列情形之一的,民政部门可以给予警告、责令限期改正:

(一)伪造、变造、出租、出借公开募捐资格证书的;

(二)未依照本办法进行备案的;

(三)未按照募捐方案确定的时间、期限、地域范围、方式进行募捐的；

（四）开展公开募捐未在募捐活动现场或者募捐活动载体的显著位置公布募捐活动信息的；

（五）开展公开募捐取得的捐赠财产未纳入慈善组织统一核算和账户管理的；

（六）其他违反本办法情形的。

第二十四条 公开募捐资格证书、公开募捐方案范本等格式文本，由民政部统一制定。

第二十五条 本办法由民政部负责解释。

第二十六条 本办法自 2016 年 9 月 1 日起施行。

慈善组织信息公开办法

(2018年8月6日民政部令第61号公布 自2018年9月1日起施行)

第一条 为规范慈善组织的信息公开行为,保护捐赠人、志愿者、受益人等慈善活动参与者的合法权益,维护社会公众的知情权,促进慈善事业发展,根据《中华人民共和国慈善法》(以下简称《慈善法》)制定本办法。

第二条 慈善组织应当依法履行信息公开义务,信息公开应当真实、完整、及时。

慈善组织应当建立信息公开制度,明确信息公开的范围、方式和责任。

慈善组织应当对信息的真实性负责,不得有虚假记载、误导性陈述或者重大遗漏,不得以新闻发布、广告推广等形式代替应当履行的信息公开义务。

第三条 慈善组织应当依照有关法律法规和本办法规定,在民政部门提供的统一的信息平台(以下简称统一信息平台),向社会公开下列信息:

(一)本办法规定的基本信息;

(二)年度工作报告和财务会计报告;

(三)公开募捐情况;

(四)慈善项目有关情况;

(五)慈善信托有关情况;

（六）重大资产变动及投资、重大交换交易及资金往来、关联交易行为等情况；

（七）法律法规要求公开的其他信息。

第四条 慈善组织应当自下列基本信息形成之日起 30 日内，在统一信息平台向社会公开：

（一）经民政部门核准的章程；

（二）决策、执行、监督机构成员信息；

（三）下设的办事机构、分支机构、代表机构、专项基金和其他机构的名称、设立时间、存续情况、业务范围或者主要职能；

（四）发起人、主要捐赠人、管理人员、被投资方以及与慈善组织存在控制、共同控制或者重大影响关系的个人或者组织（以下简称重要关联方）；

（五）本组织的联系人、联系方式，以本组织名义开通的门户网站、官方微博、官方微信或者移动客户端等网络平台；

（六）本组织的信息公开制度、项目管理制度、财务和资产管理制度。

基本信息中属于慈善组织登记事项的，由民政部门予以公开，慈善组织可以免予公开。

慈善组织可以将基本信息制作纸质文本置于本组织的住所，方便社会公众查阅、复制。

第五条 具有公开募捐资格的慈善组织应当公开的基本信息还包括：

（一）按年度公开在本组织领取报酬从高到低排序前五位人员的报酬金额；

（二）本组织出国（境）经费、车辆购置及运行费用、招待费用、差旅费用的标准。

第六条 慈善组织应当按照有关法律法规规定的时限，将年度工作报告和财务会计报告在统一信息平台向社会公开。具有公开募捐资格的慈善组织的年度财务会计报告需经审计。

年度工作报告的具体内容和基本格式由国务院民政部门统一制定。

第七条 慈善组织开展公开募捐活动，应当在募捐活动现场或者募捐活动载体的显著位置，公布组织名称、公开募捐资格证书、备案的募捐方案、联系方式、募捐信息查询方法等，并在统一信息平台向社会公开。慈善组织与其他组织或者个人合作开展公开募捐的，还应当公开合作方的有关信息。

慈善组织通过互联网开展公开募捐的，应当按照有关规定发布募捐信息。

第八条 具有公开募捐资格的慈善组织开展公开募捐活动，应当在公开募捐活动结束后三个月内在统一信息平台公开下列信息：

（一）募得款物情况；

（二）已经使用的募得款物的用途，包括用于慈善项目和其他用途的支出情况；

（三）尚未使用的募得款物的使用计划。

公开募捐周期超过六个月的，至少每三个月公开一次前款第（一）、第（二）项所规定的信息。

第九条 慈善组织在设立慈善项目时，应当在统一信息平台公开该慈善项目的名称和内容，慈善项目结束的，应当公开有关情况。

具有公开募捐资格的慈善组织为慈善项目开展公开募捐活动的，还应当公开相关募捐活动的名称。

慈善项目由慈善信托支持的，还应当公开相关慈善信托的名称。

第十条 具有公开募捐资格的慈善组织，应当在慈善项目终止后三个月内，在统一信息平台向社会公开慈善项目实施情况，包括：项目名称、项目内容、实施地域、受益人群、来自公开募捐和其他来源的收入、项目的支出情况，项目终止后有剩余财产的还应当公开剩余财产的处理情况。

项目实施周期超过六个月的，至少每三个月公开一次项目实施情况。

第十一条 慈善组织担任慈善信托受托人的，应当每年至少一次将信托事务处理情况及财务状况在统一信息平台向社会公开。

第十二条 慈善组织发生下列情形后30日内，应当在统一信息平台向社会公开具体内容和金额：

（一）重大资产变动；

（二）重大投资；

（三）重大交易及资金往来。

前款中规定的重大资产变动、重大投资、重大交易及资金往来的具体标准，由慈善组织依据有关法律法规规章在本组织章程或者财务资产管理制度中规定。

第十三条 慈善组织在下列关联交易等行为发生后30日内，应当在统一信息平台向社会公开具体内容和金额：

（一）接受重要关联方捐赠；

（二）对重要关联方进行资助；

（三）与重要关联方共同投资；

（四）委托重要关联方开展投资活动；

（五）与重要关联方发生交易；

（六）与重要关联方发生资金往来。

第十四条 慈善组织应当在统一信息平台为每年的年度工作报告和财务会计报告、每个公开募捐活动和慈善项目建立相对独立的信息条目。

慈善组织需要对统一信息平台的信息进行更正的，应当在统一信息平台填写并公布更正说明，有独立信息条目的在相应信息条目下予以公布。基本信息发生变更的，慈善组织应当在变更后30日内在统一信息平台向社会公布。

第十五条 慈善组织开展定向募捐的，应当及时向捐赠人告知募捐情况、捐赠款物管理使用情况。捐赠人要求将捐赠款物管理使用情况向社会公开的，慈善组织应当向社会公开。

第十六条 慈善组织应当向受益人告知其资助标准、工作流程和工作规范等信息。

鼓励慈善组织向社会公开前款规定的信息。

第十七条 慈善组织招募志愿者参与慈善服务，应当公示与慈善服务有关的全部信息，以及在服务过程中可能发生的风险。

第十八条 慈善组织对外公开有关机关登记、核准、备案的事项时，应当与有关机关的信息一致。

慈善组织公布的信息相互之间应当一致。

慈善组织在其他渠道公布的信息，应当与其在统一信息平台上公布的信息一致。

第十九条 涉及国家秘密、商业秘密、个人隐私的信息以及捐赠人、志愿者、受益人、慈善信托的委托人不同意公开的姓名、名称、住所、通讯方式等信息，不得公开。

第二十条 慈善组织不及时公开应当公开的事项或者公开的事项不真实的，任何单位或者个人可以向民政部门投诉、举报。

第二十一条 民政部门可以要求慈善组织就信息公开的相关事项作出说明，必要时可以进行约谈，并向社会公开。

第二十二条 慈善组织违反本办法规定的，民政部门可以责令限期改正。

第二十三条 慈善组织有下列情形的，民政部门依据《慈善法》第九十九条的有关规定进行处罚：

（一）未依法履行信息公开义务的；

（二）泄露捐赠人、志愿者、受益人个人隐私以及捐赠人、志愿者、受益人、慈善信托的委托人不同意公开的姓名、名称、住所、通讯方式等信息的。

第二十四条 慈善组织在信息公开中违反有关法律法规规章和本办法规定的，民政部门应当进行记录，并将相关情况通报有关部门，根据有关规定实施联合惩戒。

第二十五条 民政部门工作人员在工作中滥用职权、徇私舞弊、玩忽职守的，由上级机关或者监察机关依法责令改正；依法应当给予处分的，由任免机关或者监察机关对直接负责的主管人员和其他直接责任人员给予处分。

第二十六条 本办法自2018年9月1日起施行。

慈善组织保值增值投资活动管理暂行办法

（2018年10月30日民政部令第62号公布　自2019年1月1日起施行）

第一条　为规范慈善组织的投资活动，防范慈善财产运用风险，促进慈善组织持续健康发展，根据《中华人民共和国慈善法》（以下简称《慈善法》）等法律法规，制定本办法。

第二条　县级以上人民政府民政部门（以下简称民政部门）依法登记、认定的慈善组织进行投资活动，适用本办法。

第三条　慈善组织应当以面向社会开展慈善活动为宗旨，充分、高效运用慈善财产，在确保年度慈善活动支出符合法定要求和捐赠财产及时足额拨付的前提下，可以开展投资活动。

慈善组织开展投资活动应当遵循合法、安全、有效的原则，投资取得的收益应当全部用于慈善目的。

第四条　本办法所称投资活动，主要包括下列情形：

（一）直接购买银行、信托、证券、基金、期货、保险资产管理机构、金融资产投资公司等金融机构发行的资产管理产品；

（二）通过发起设立、并购、参股等方式直接进行股权投资；

（三）将财产委托给受金融监督管理部门监管的机构进行投资。

第五条　慈善组织可以用于投资的财产限于非限定性资产和在投资期间暂不需要拨付的限定性资产。

慈善组织接受的政府资助的财产和捐赠协议约定不得投资的

财产，不得用于投资。

第六条 慈善组织在投资资产管理产品时，应当审慎选择，购买与本组织风险识别能力和风险承担能力相匹配的产品。

慈善组织直接进行股权投资的，被投资方的经营范围应当与慈善组织的宗旨和业务范围相关。

慈善组织开展委托投资的，应当选择中国境内有资质从事投资管理业务，且管理审慎、信誉较高的机构。

第七条 慈善组织不得进行下列投资活动：

（一）直接买卖股票；

（二）直接购买商品及金融衍生品类产品；

（三）投资人身保险产品；

（四）以投资名义向个人、企业提供借款；

（五）不符合国家产业政策的投资；

（六）可能使本组织承担无限责任的投资；

（七）违背本组织宗旨、可能损害信誉的投资；

（八）非法集资等国家法律法规禁止的其他活动。

第八条 慈善组织应当在财务和资产管理制度中规定以下内容：

（一）投资遵循的基本原则；

（二）投资决策程序和管理流程；

（三）决策机构、执行机构、监督机构在投资活动中的相关职责；

（四）投资负面清单；

（五）重大投资的标准；

（六）投资风险管控制度；

（七）投资活动中止、终止或者退出机制；

（八）违规投资责任追究制度。

第九条 慈善组织的财务和资产管理制度以及重大投资方案应当经决策机构组成人员三分之二以上同意。

第十条 慈善组织的发起人、主要捐赠人、负责人、理事、理事来源单位以及其他与慈善组织之间存在控制、共同控制或者重大影响关系的个人或者组织，当其利益与慈善组织投资行为关联时，不得利用关联关系损害慈善组织利益。

第十一条 慈善组织应当及时回收到期的本金和收益，依法依规及时进行会计核算。

第十二条 慈善组织应当为投资活动建立专项档案，完整保存投资的决策、执行、管理等资料。专项档案的保存时间不少于20年。

第十三条 慈善组织应当根据投资活动的风险水平以及所能承受的损失程度，合理建立止损机制。

慈善组织可以建立风险准备金制度。

第十四条 慈善组织在开展投资活动时，其负责人、理事和工作人员应当遵守法律法规和本组织章程的规定，严格履行忠实、谨慎、勤勉义务。

慈善组织在开展投资活动时有违法违规行为，致使慈善组织财产损失的，相关人员应当承担相应责任。

第十五条 慈善组织的负责人和工作人员不得在慈善组织投资的企业兼职或者领取报酬，但受慈善组织委托可以作为股东代表、董事或者监事参与被投资企业的股东会、董事会。

第十六条 民政部门可以要求慈善组织就投资活动、风险控制、内部管理等事项作出说明，必要时可以进行约谈。

第十七条 慈善组织将不得用于投资的财产用于投资，民政部门依据《慈善法》第九十九条的有关规定进行处罚。慈善组织违反本办法规定，民政部门可以给予警告，并责令限期改正。

第十八条 慈善组织的财务和资产管理制度、重大投资情况应当依法依规向社会公开，接受社会监督。

第十九条 未认定为慈善组织的基金会、具有公益性捐赠税前扣除资格的社会团体和社会服务机构开展投资活动应当遵守本办法规定。

第二十条 本办法自 2019 年 1 月 1 日起施行。

公开募捐平台服务管理办法

(2016年8月30日　民发〔2016〕157号)

第一条　为进一步规范公开募捐平台服务，维护捐赠人、受益人和慈善组织等慈善活动参与者的合法权益，促进我国慈善事业健康发展，根据《中华人民共和国慈善法》《国务院关于促进慈善事业健康发展的指导意见》(国发〔2014〕61号)等法律法规和有关规定，制定本办法。

第二条　本办法所称公开募捐平台服务，是指广播、电视、报刊及网络服务提供者、电信运营商为慈善组织开展公开募捐活动或者发布公开募捐信息提供的平台服务。

提供公开募捐平台服务的广播、电视、报刊、电信运营商应当符合《广播电视管理条例》《出版管理条例》《中华人民共和国电信条例》等规定的条件。通过互联网提供公开募捐平台服务的网络服务提供者应当依法由民政部指定，并符合《互联网信息服务管理办法》等规定的条件。

第三条　广播、电视、报刊以及网络服务提供者、电信运营商在提供公开募捐平台服务时，应当查验慈善组织的登记证书和公开募捐资格证书，不得代为接受慈善捐赠财产。

第四条　广播、电视、报刊以及网络服务提供者、电信运营商向慈善组织提供公开募捐平台服务应当签订协议，明确双方在公开募捐信息发布、募捐事项的真实性等方面的权利和义务。

第五条　广播、电视、报刊以及网络服务提供者、电信运营商发现慈善组织在开展公开募捐时有违法违规行为的,应当及时向批准其登记的民政部门报告。

第六条 广播、电视、报刊以及网络服务提供者、电信运营商应当记录和保存慈善组织的登记证书复印件、公开募捐资格证书复印件。网络服务提供者还应当记录、保存慈善组织在其平台上发布的有关信息。其中,登记证书、公开募捐资格证书相关信息的保存期限为自该慈善组织通过其平台最后一次开展公开募捐之日起不少于两年;募捐记录等其他信息的保存期限为自公开募捐完成之日起不少于两年。

第七条 民政部门发现慈善组织在使用公开募捐平台服务中有违法违规行为,需要要求广播、电视、报刊以及网络服务提供者、电信运营商协助调查的,广播、电视、报刊以及网络服务提供者、电信运营商应当予以配合。

第八条 广播、电视、报刊以及网络服务提供者、电信运营商停止为慈善组织提供公开募捐信息发布服务的,应当提前在本平台向社会公众告知。

第九条 鼓励广播、电视、报刊以及网络服务提供者、电信运营商为慈善组织提供公平、公正的信用评价服务,对开展公开募捐的慈善组织的信用情况客观、公正地进行采集与记录。

第十条 个人为了解决自己或者家庭的困难,通过广播、电视、报刊以及网络服务提供者、电信运营商发布求助信息时,广播、电视、报刊以及网络服务提供者、电信运营商应当在显著位置向公众进行风险防范提示,告知其信息不属于慈善公开募捐信息,真实性由信息发布个人负责。

第十一条 各级民政部门依法对慈善组织通过广播、电视、报刊以及网络服务提供者、电信运营商提供的平台发布公开募捐信息、开展公开募捐的行为实施监督管理。慈善组织有违法违规情形的，由批准其登记的民政部门依法查处。

第十二条 国务院及地方各级广播、电视、报刊及互联网信息内容管理部门、电信主管部门，在各自职责范围内，依法对广播、电视、报刊以及网络服务提供者、电信运营商为慈善组织开展公开募捐提供的平台服务实施监督管理，对违法违规行为进行查处。

第十三条 民政部门应当建立健全与广播、电视、报刊及互联网信息内容管理部门、电信主管部门的信息沟通共享机制、信用信息披露机制和违法违规行为协查机制，强化协同监管。

第十四条 本办法由民政部、工业和信息化部、新闻出版广电总局、国家互联网信息办公室负责解释。

第十五条 本办法自 2016 年 9 月 1 日起施行。

公开募捐违法案件管辖规定（试行）

（2018 年 11 月 30 日　民发〔2018〕142 号）

第一条　为明确公开募捐违法案件的管辖，及时查处相关违法行为，维护慈善募捐管理秩序，根据《中华人民共和国慈善法》、《中华人民共和国行政处罚法》、《社会团体登记管理条例》、《基金会管理条例》以及《民办非企业单位登记管理暂行条例》等法律法规，制定本规定。

第二条　本规定所称公开募捐违法案件，包括具有公开募捐资格的慈善组织在公开募捐活动中发生的违法案件，不具有公开募捐资格的慈善组织或者其他社会组织违法开展公开募捐活动的案件，以及社会组织以外的组织或者个人违法开展公开募捐活动的案件。

第三条　具有公开募捐资格的慈善组织在公开募捐活动中发生的违法案件，不具有公开募捐资格的慈善组织或者其他社会组织违法开展公开募捐活动的案件，由其登记的民政部门管辖。

第四条　社会组织以外的组织或者个人违法开展公开募捐活动的案件，由违法行为发生地的县级人民政府民政部门按照下列情形管辖：

（一）通过在公共场所设置募捐箱的方式开展公开募捐的，由募捐箱设置地的民政部门管辖；

（二）通过举办面向社会公众的义演、义赛、义卖、义展、义拍、慈善晚会等方式开展公开募捐的，由义演、义赛、义卖、义展、义拍、慈善晚会等活动举办地的民政部门管辖；

（三）通过广播、电视、报刊等媒体开展公开募捐的，由提供信息服务的广播电台、电视台、报刊出版单位所在地的民政部门管辖；

（四）通过互联网开展公开募捐的，由组织住所地、个人居住地等所在地民政部门管辖。无法确定所在地的，由互联网信息服务提供者许可或者备案机关所在地的民政部门管辖。

违法活动发生地涉及两个以上民政部门的，由共同上一级民政部门或者其指定的民政部门管辖。

第五条 民政部门发现或者收到有关公开募捐违法案件线索后，应当进行甄别。本机关有管辖权的，依法调查处理；不属于本机关管辖的，应当及时将案件材料移送有管辖权的民政部门，受移送的民政部门应当受理。

第六条 民政部门对管辖权发生争议的，由争议各方按照本规定确定的原则协商解决。协商不成的，由共同上一级民政部门指定的民政部门管辖。

第七条 上级民政部门指定管辖的，应当书面通知被指定的民政部门和其他相关民政部门。

相关民政部门收到上级民政部门书面通知后，应当及时将案件材料移送被指定管辖的民政部门。

第八条 民政部门在案件调查过程中，发现已有其他民政部门正在办理的，应当中止调查。管辖确定后，有管辖权的民政部门应当继续调查，其他民政部门应当及时移交案件材料。

第九条 对案件有管辖权的民政部门可以书面请其他民政部

门协助调查。跨行政区域调查的，应当提前告知当地民政部门，当地民政部门应当予以配合。

第十条 本规定自发布之日起施行。

国务院关于促进慈善事业健康发展的指导意见

(2014年11月24日　国发〔2014〕61号)

改革开放以来,我国慈善事业蓬勃兴起,以慈善组织为代表的各类慈善力量迅速发展壮大,社会慈善意识明显增强,各类慈善活动积极踊跃,在灾害救助、贫困救济、医疗救助、教育救助、扶老助残和其他公益事业领域发挥了积极作用。但是,我国慈善事业依然存在政策法规体系不够健全、监督管理措施不够完善、慈善活动不够规范、社会氛围不够浓厚、与社会救助工作衔接不够紧密等问题,影响了慈善事业的健康发展。根据党的十八大、十八届三中、四中全会精神和国务院决策部署,为进一步加强和改进慈善工作,统筹慈善和社会救助两方面资源,更好地保障和改善困难群众民生,现提出以下意见。

一、总体要求

(一)*指导思想*。以邓小平理论、"三个代表"重要思想、科学发展观为指导,坚持政府推动、社会实施、公众参与、专业运作,鼓励支持与强化监管并重,推动慈善事业健康发展,努力形成与社会救助工作紧密衔接,在扶贫济困、改善民生、弘扬中华民族传统美德和社会主义核心价值观等方面充分发挥作用的慈善事业发展新格局。

(二)*基本原则*。

突出扶贫济困。鼓励、支持和引导慈善组织和其他社会力量

从帮助困难群众解决最直接、最现实、最紧迫的问题入手,在扶贫济困、为困难群众救急解难等领域广泛开展慈善帮扶,与政府的社会救助形成合力,有效发挥重要补充作用。

坚持改革创新。在慈善事业体制机制、运行方式、慈善事业与社会救助对接等方面大胆探索,畅通社会各方面参与慈善和社会救助的渠道,大力优化慈善事业发展环境,使各类慈善资源、社会救助资源充分发挥作用。

确保公开透明。慈善组织以及其他社会力量开展慈善活动,要充分尊重捐赠人意愿,依据有关规定及时充分公开慈善资源的募集、管理和使用情况。慈善组织要切实履行信息公开责任,接受行政监督、社会监督和舆论监督。

强化规范管理。加快完善相关法规政策,规范和引导慈善事业健康发展。依法依规对自然人、法人和其他组织开展的慈善活动进行监管,及时查处和纠正违法违规活动,确保慈善事业在法制化轨道上运行。

(三)发展目标。到2020年,慈善监管体系健全有效,扶持政策基本完善,体制机制协调顺畅,慈善行为规范有序,慈善活动公开透明,社会捐赠积极踊跃,志愿服务广泛开展,全社会支持慈善、参与慈善的氛围更加浓厚,慈善事业对社会救助体系形成有力补充,成为全面建成小康社会的重要力量。

二、鼓励和支持以扶贫济困为重点开展慈善活动

扶贫济困是慈善事业的重要领域,在政府保障困难群众基本生活的同时,鼓励和支持社会力量以扶贫济困为重点开展慈善活动,有利于更好地满足困难群众多样化、多层次的需求,帮助他们摆脱困境、改善生活,形成慈善事业与社会救助的有效衔接和功能互补，共同编密织牢社会生活安全网。

（一）鼓励社会各界开展慈善活动。

鼓励社会各界以各类社会救助对象为重点，广泛开展扶贫济困、赈灾救孤、扶老助残、助学助医等慈善活动。党政机关、事业单位要广泛动员干部职工积极参与各类慈善活动，发挥带头示范作用。工会、共青团、妇联等人民团体要充分发挥密切联系群众的优势，动员社会公众为慈善事业捐赠资金、物资和提供志愿服务等。各全国性社会团体在发挥自身优势、开展慈善活动时，要主动接受社会监督，在公开透明、规范管理、服务困难群众等方面作出表率。各类慈善组织要进一步面向困难群体开展符合其宗旨的慈善活动。倡导各类企业将慈善精神融入企业文化建设，把参与慈善作为履行社会责任的重要方面，通过捐赠、支持志愿服务、设立基金会等方式，开展形式多样的慈善活动，在更广泛的领域为社会作出贡献。鼓励有条件的宗教团体和宗教活动场所依法依规开展各类慈善活动。提倡在单位内部、城乡社区开展群众性互助互济活动。充分发挥家庭、个人、志愿者在慈善活动中的积极作用。

（二）鼓励开展形式多样的社会捐赠和志愿服务。

鼓励和支持社会公众通过捐款捐物、慈善消费和慈善义演、义拍、义卖、义展、义诊、义赛等方式为困难群众奉献爱心。探索捐赠知识产权收益、技术、股权、有价证券等新型捐赠方式，鼓励设立慈善信托，抓紧制定政策措施，积极推进有条件的地方开展试点。动员社会公众积极参与志愿服务，构建形式多样、内容丰富、机制健全、覆盖城乡的志愿服务体系。倡导社会力量兴办公益性医疗、教育、养老、残障康复、文化体育等方面的机构和设施，为慈善事业提供更多的资金支持和服务载体。加快出台有效措施，引导社会公众积极捐赠家庭闲置物品。广泛设立社会捐助站点，创新发展慈善超市，发挥网络捐赠技术优势，方便群众就近就便开展捐赠。

（三）健全社会救助和慈善资源信息对接机制。

要建立民政部门与其他社会救助管理部门之间的信息共享机制，同时建立和完善民政部门与慈善组织、社会服务机构之间的衔接机制，形成社会救助和慈善资源的信息有效对接。对于经过社会救助后仍需要帮扶的救助对象，民政部门要及时与慈善组织、社会服务机构协商，实现政府救助与社会帮扶有机结合，做到因情施救、各有侧重、互相补充。社会救助信息和慈善资源信息应同时向审计等政府有关部门开放。

（四）落实和完善减免税政策。

落实企业和个人公益性捐赠所得税税前扣除政策，企业发生的公益性捐赠支出，在年度利润总额12%以内的部分，准予在计算应纳税所得额时扣除；个人公益性捐赠额未超过纳税义务人申报的应纳税所得额30%的部分，可以从其应纳税所得额中扣除。研究完善慈善组织企业所得税优惠政策，切实惠及符合条件的慈善组织。对境外向我国境内依法设立的慈善组织无偿捐赠的直接用于慈善事业的物资，在有关法律及政策规定的范围内享受进口税收优惠。有关部门要大力宣传慈善捐赠减免税的资格和条件。

（五）加大社会支持力度。

鼓励企事业单位为慈善活动提供场所和便利条件、按规定给予优惠。倡导金融机构根据慈善事业的特点和需求创新金融产品和服务方式，积极探索金融资本支持慈善事业发展的政策渠道。

支持慈善组织为慈善对象购买保险产品，鼓励商业保险公司捐助慈善事业。完善公益广告等平台的管理办法，鼓励新闻媒体为慈善组织的信息公开提供帮助支持和费用优惠。

三、培育和规范各类慈善组织

慈善组织是现代慈善事业的重要主体，大力发展各类慈善组织，规范慈善组织行为、确保慈善活动公开透明，是促进慈善事业健康发展的有效保证。

（一）鼓励兴办慈善组织。优先发展具有扶贫济困功能的各类慈善组织。积极探索培育网络慈善等新的慈善形态，引导和规范其健康发展。稳妥推进慈善组织直接登记，逐步下放符合条件的慈善组织登记管理权限。地方政府和社会力量可通过实施公益创投等多种方式，为初创期慈善组织提供资金支持和能力建设服务。要加快出台有关措施，以扶贫济困类项目为重点，加大政府财政资金向社会组织购买服务力度。

（二）切实加强慈善组织自我管理。慈善组织要建立健全内部治理结构，完善决策、执行、监督制度和决策机构议事规则，加强内部控制和内部审计，确保人员、财产、慈善活动按照组织章程有序运作。基金会工作人员工资福利和行政办公支出等管理成本不得超过当年总支出的10%，其他慈善组织的管理成本可参照基金会执行。列入管理成本的支出类别按民政部规定执行。捐赠协议约定从捐赠财产中列支管理成本的，可按照约定执行。

（三）依法依规开展募捐活动。引导慈善组织重点围绕扶贫济困开展募捐活动。具有公募资格的慈善组织，面向社会开展的募捐活动应与其宗旨、业务范围相一致；新闻媒体、企事业单位等和不具有公募资格的慈善组织，以慈善名义开展募捐活动的，必须联合具有公募资格的组织进行；广播、电视、报刊及互联网信息服务提供者、电信运营商，应当对利用其平台发起募捐活动的慈善组织的合法性进行验证，包括查验登记证书、募捐主体资格证明材料。慈善组织要加强对募捐活动的管理，向捐赠者开具捐赠票据，开展项目所需成本要按规定列支并向捐赠人说明。任何组织和个人不得以慈善名义敛财。

（四）严格规范使用捐赠款物。慈善组织应将募得款物按照协议或承诺，及时用于相关慈善项目，除不可抗力或捐赠人同意外，不得以任何理由延误。未经捐赠人同意，不得擅自更改款物用途。倡导募用分离，制定有关激励扶持政策，支持在款物募集方面有优势的慈善组织将募得款物用于资助有服务专长的慈善组织运作项目。慈善组织要科学设计慈善项目，优化实施流程，努力降低运行成本，提高慈善资源使用效益。

（五）强化慈善组织信息公开责任。

公开内容。慈善组织应向社会公开组织章程、组织机构代码、登记证书号码、负责人信息、年度工作报告、经审计的财务会计报告和开展募捐、接受捐赠、捐赠款物使用、慈善项目实施、资产保值增值等情况以及依法应当公开的其他信息。信息公开应当真实、准确、完整、及时，不得有虚假记载、误导性陈述或者重大遗漏。对于涉及国家安全、个人隐私等依法不予公开的信息和捐赠人或受益人与慈善组织协议约定不得公开的信息，不得公开。慈善组织不予公开的信息，应当接受政府有关部门的监督检查。

公开时限。慈善组织应及时公开款物募集情况，募捐周期大于6个月的，应当每3个月向社会公开一次，募捐活动结束后3

个月内应全面公开；应及时公开慈善项目运作、受赠款物的使用情况，项目运行周期大于6个月的，应当每3个月向社会公开一次，项目结束后3个月内应全面公开。

公开途径。慈善组织应通过自身官方网站或批准其登记的民政部门认可的信息网站进行信息发布；应向社会公开联系方式，及时回应捐赠人及利益相关方的询问。慈善组织应对其公开信息和答复信息的真实性负责。

四、加强对慈善组织和慈善活动的监督管理

（一）加强政府有关部门的监督管理。民政部门要严格执行慈善组织年检制度和评估制度。要围绕慈善组织募捐活动、财产管理和使用、信息公开等内容，建立健全并落实日常监督检查制度、重大慈善项目专项检查制度、慈善组织及其负责人信用记录制度，并依法对违法违规行为进行处罚。财政、税务部门要依法对慈善组织的财务会计、享受税收优惠和使用公益事业捐赠统一票据等情况进行监督管理。其他政府部门要在各自职责范围内对慈善组织和慈善活动进行监督管理。

（二）公开监督管理信息。民政部门要通过信息网站等途径向社会公开慈善事业发展和慈善组织、慈善活动相关信息，具体包括各类慈善组织名单及其设立、变更、评估、年检、注销、撤销登记信息和政府扶持鼓励政策措施、购买社会组织服务信息、受奖励及处罚信息、本行政区域慈善事业发展年度统计信息以及依法应当公开的其他信息。

（三）强化慈善行业自律。要推动建立慈善领域联合型、行业性组织，建立健全行业标准和行为准则，增强行业自我约束、自我管理、自我监督能力。鼓励第三方专业机构根据民政部门委托，按照民政部门制定的评估规程和评估指标，对慈善组织开展评估。相关政府部门要将评估结果作为政府购买服务、评选表彰的参考依据。

（四）加强社会监督。畅通社会公众对慈善活动中不良行为的投诉举报渠道，任何单位或个人发现任何组织或个人在慈善活动中有违法违规行为的，可以向该组织或个人所属的慈善领域联合型、行业性组织投诉，或向民政部门及其他政府部门举报。相关行业性组织要依据行业自律规则，在职责范围内及时协调处理投诉事宜。相关政府部门要在各自职责范围内及时调查核实，情况属实的要依法查处。切实保障捐赠人对捐赠财产使用情况的监督权利，捐赠人对慈善组织、其他受赠主体和受益人使用捐赠财产持有异议的，除向有关方面投诉举报外，还可以依法向人民法院提起诉讼。支持新闻媒体对慈善组织、慈善活动进行监督，对违法违规及不良现象和行为进行曝光，充分发挥舆论监督作用。

（五）建立健全责任追究制度。民政部门作为慈善事业主管部门，要会同有关部门建立健全责任追究制度。对慈善组织按照"谁登记、谁管理"的原则，由批准登记的民政部门会同有关部门对其违规开展募捐活动、违反约定使用捐赠款物、拒不履行信息公开责任、资助或从事危害国家安全和公共利益活动等违法违规行为依法进行查处；对于慈善组织或其负责人的负面信用记录，要予以曝光。对其他社会组织和个人按照属地管辖的原则，由所在地的民政部门会同有关部门对其以慈善为名组织实施的违反法律法规、违背公序良俗的行为和无正当理由拒不兑现或不完全兑现捐赠承诺、以诽谤造谣等方式损害慈善组织及其从业人员声誉等其他违法违规行为依法及时查处。对政府有关部门及其工作人员滥用职权、徇私舞弊或者玩忽职守、敷衍塞责造成严重后果的，要依法追究责任。

五、加强对慈善工作的组织领导

（一）建立健全组织协调机制。各级政府要将发展慈善事业作为社会建设的重要内容，纳入国民经济和社会发展总体规划和相关专项规划，加强慈善与社会救助、社会福利、社会保险等社会保障制度的衔接。各有关部门要建立健全慈善工作组织协调机制，及时解决慈善事业发展中遇到的突出困难和问题。

（二）完善慈善表彰奖励制度。国家对为慈善事业发展作出突出贡献、社会影响较大的个人、法人或者组织予以表彰。民政部要根据慈善事业发展的实际情况，及时修订完善"中华慈善奖"评选表彰办法，组织实施好评选表彰工作，在全社会营造良好的慈善氛围。各省（区、市）人民政府可按国家有关规定建立慈善表彰奖励制度。要抓紧出台有关措施，完善公民志愿服务记录制度，按照国家有关规定建立完善志愿者嘉许和回馈制度，鼓励更多的人参加志愿服务活动。

（三）完善慈善人才培养政策。要加快培养慈善事业发展急需的理论研究、高级管理、项目实施、专业服务和宣传推广等人才。加强慈善从业人员劳动权益保护和职业教育培训，逐步建立健全以慈善从业人员职称评定、信用记录、社会保险等为主要内容的人力资源管理体系，合理确定慈善行业工作人员工资待遇水平。

（四）加大对慈善工作的宣传力度。要充分利用报刊、广播、电视等媒体和互联网，以群众喜闻乐见的方式，大力宣传各类慈行善举和正面典型，以及慈善事业在服务困难群众、促进社会文明进步等方面的积极贡献，引导社会公众关心慈善、支持慈善、参与慈善。要着力推动慈善文化进机关、进企业、进学校、进社区、进乡村，弘扬中华民族团结友爱、互助共济的传统美德，为慈善事业发展营造良好社会氛围。

各省（区、市）人民政府要根据本意见要求，结合实际，研究制定配套落实政策。国务院相关部门要根据本部门职责研究制定具体政策措施。民政部要会同有关部门加强对本意见执行情况的监督检查，及时向国务院报告。

关于规范基金会行为的若干规定（试行）

（2012年7月10日 民发〔2012〕124号）

为确保基金会恪守公益宗旨，规范开展活动，扩大公开透明，维护捐赠人、受益人和基金会的合法权益，进一步促进基金会健康发展，现对基金会行为规范中的若干问题作出如下规定：

一、基金会接受和使用公益捐赠

（一）基金会接受捐赠，应当与捐赠人明确权利义务，并根据捐赠人的要求与其订立书面捐赠协议。

基金会接受捐赠应当确保公益性。附加对捐赠人构成利益回报条件的赠与和不符合公益性目的的赠与，不应确认为公益捐赠，不得开具捐赠票据。

（二）基金会应当在实际收到捐赠后据实开具捐赠票据。捐赠人不需要捐赠票据的，或者匿名捐赠的，也应当开具捐赠票据，由基金会留存备查。

基金会接受非现金捐赠，应当在实际收到后确认收入并开具捐赠票据。受赠财产未经基金会验收确认，由捐赠人直接转移给受助人或者其他第三方的，不得作为基金会的捐赠收入，不得开具捐赠票据。

（三）基金会接受非现金捐赠，应当按照以下方法确定入账价值：

1. 捐赠人提供了发票、报关单等凭据的，应当以相关凭据作为确认入账价值的依据；捐赠方不能提供凭据的，应当以其他确认捐赠财产的证明，作为确认入账价值的依据；

2. 捐赠人提供的凭据或其他能够确认受赠资产价值的证明上标明的金额与受赠资产公允价值相差较大的，应当以其公允价值作为入账价值。

捐赠人捐赠固定资产、股权、无形资产、文物文化资产，应当以具有合法资质的第三方机构的评估作为确认入账价值的依据。无法评估或经评估无法确认价格的，基金会不得计入捐赠收入，不得开具捐赠票据，应当另外造册登记。

（四）基金会接受食品、药品、医疗器械等捐赠物品时，应当确保物品在到达最终受益人时仍处于保质期内且具有使用价值。

（五）基金会接受企业捐赠本企业生产的产品，应当要求企业提供产品质量认证证明或者产品合格证，以及受赠物品的品名、规格、种类、数量等相关资料。

（六）基金会应当将接受的捐赠财产用于资助符合其宗旨和业务范围的活动和事业。对于指定用于救助自然灾害等突发事件的受赠财产，用于应急的应当在应急期结束前使用完毕；用于灾后重建的应当在重建期结束前使用完毕。

对确因特殊原因无法使用完毕的受赠财产，基金会可在取得捐赠人同意或在公开媒体上公示后，将受赠财产用于与原公益目的相近似的目的。

（七）基金会与捐赠人订立了捐赠协议的，应当按照协议约定使用受赠财产。如需改变用途，应当征得捐赠人同意且仍需用于公益事业；确实无法征求捐赠人意见的，应当按照基金会的宗旨用于与原公益目的相近似的目的。

(八）捐赠协议和募捐公告中约定可以从公益捐赠中列支工作人员工资福利和行政办公支出的，按照约定列支；没有约定的，不得从公益捐赠中列支。同时，基金会工作人员工资福利和行政办公支出应当符合《基金会管理条例》的要求，累计不得超过当年总支出的10%。

工作人员工资福利包括：

1. 全体工作人员的工资、福利费、住房公积金、社会保险（障）费（含离退休人员）；

2. 担任专职工作理事的津贴、补助和理事会运行费用。

行政办公支出包括：组织日常运作的办公费、水电费、邮电费、物业管理费、会议费、广告费、市内交通费、差旅费、折旧费、修理费、租赁费、无形资产摊销费、资产盘亏损失、资产减值损失、因预计负债所产生的损失、审计费、以及聘请中介机构费和应偿还的受赠资产等。

（九）基金会用于公益事业的支出包括直接用于受助人的款物和为开展公益项目发生的直接运行费用。

项目直接运行费用包括：

1. 支付给项目人员的报酬，包括：工资福利、劳务费、专家费等；

2. 为立项、执行、监督和评估公益项目发生的费用，包括：差旅费、交通费、通讯费、会议费、购买服务费等；

3. 为宣传、推广公益项目发生的费用，包括：广告费、购买服务费等；

4. 因项目需要租赁房屋、购买和维护固定资产的费用，包括：所发生的租赁费、折旧费、修理费、办公费、水电费、邮电费、物业管理费等；

5. 为开展项目需要支付的其他费用。

捐赠协议和募捐公告中约定可以从公益捐赠中列支项目直接运行费用的，按照约定列支；没有约定的，不得超出本基金会规定的标准支出。

（十）基金会应当对公益捐赠的使用情况进行全过程监督，确保受赠款物及时足额拨付和使用。

（十一）基金会选定公益项目执行方、受益人，应当遵循公开、公正、公平和诚实信用的原则，保护社会公共利益和与项目有关的当事人的合法权益。

基金会不得资助以营利为目的开展的活动。

二、基金会的交易、合作及保值增值

（一）基金会应当严格区分交换交易收入和捐赠收入。通过出售物资、提供服务、授权使用或转让资产包括无形资产等交换交易取得的收入，应当记入商品销售收入、提供服务收入等相关会计科目，不得计入捐赠收入，不得开具公益事业捐赠票据。

（二）基金会进行交换交易，应当保护自身和社会公众的合法权益。不得以低于公允价值的价格出售物资、提供服务、授权或者转让无形资产；不得以高于公允价值的价格购买产品和服务。

（三）基金会不得将本组织的名称、公益项目品牌等其他应当用于公益目的的无形资产用于非公益目的。

（四）基金会不得直接宣传、促销、销售企业的产品和品牌；不得为企业及其产品提供信誉或者质量担保。

（五）基金会不得向个人、企业直接提供与公益活动无关的借款。

（六）基金会进行保值增值活动时，应当遵守以下规定：

1. 基金会进行保值增值应当遵守合法、安全、有效的原则。符合基金会的宗旨，维护基金会的信誉，遵守与捐赠人和受助人的约定，保证公益支出的实现；

2. 基金会可用于保值增值的资产限于非限定性资产、在保值增值期间暂不需要拨付的限定性资产；

3. 基金会进行委托投资，应当委托银行或者其他金融机构进行。

三、基金会的信息公布

（一）基金会的信息公布工作，应当符合《基金会信息公布办法》的要求。

（二）基金会通过义演、义赛、义卖、义展等活动进行募捐时，应当在开展募捐前向社会公布捐赠人权利义务、资金详细使用计划、成本预算；在资金使用过程中计划有调整的，应当及时向公众公布调整后的计划。

（三）基金会通过募捐以及为自然灾害等突发事件接受的公益捐赠，应当在取得捐赠收入后定期在本组织网站和其他媒体上公布详细的收入和支出明细，包括：捐赠收入、直接用于受助人的款物、与所开展的公益项目相关的各项直接运行费用等，在捐赠收入中列支了工作人员工资福利和行政办公支出的，还应当公布列支的情况。项目运行周期大于3个月的，每3个月公示1次；所有项目应当在项目结束后进行全面公示。

（四）捐赠人有权查询捐赠财产的使用、管理情况。对于捐赠人的查询，基金会应当及时如实答复。

（五）基金会的年度工作报告除在登记管理机关指定的媒体上公布外，还应当置备于本基金会，接受捐赠人的查询。

（六）基金会应当及时向社会公众公布下列信息：

1. 发起人；

2. 主要捐赠人；

3. 基金会理事主要来源单位；

4. 基金会投资的被投资方；

5. 其他与基金会存在控制、共同控制或者重大影响关系的个人或组织；

6. 基金会与上述个人或组织发生的交易。

（七）基金会应当建立健全内部制度，将所有分支机构、代表机构、专项基金以及各项业务活动纳入统一管理。

基金会应当在内部制度中对下列问题做出规定：

1. 各项工作人员工资福利和行政办公支出（以下简称日常运作费用）的支付标准、列支原则、审批程序，以及占基金会总支出的比例；

2. 开展公益项目所发生的与该项目直接相关的运行成本（以下简称项目直接成本）的支付标准、列支原则、审批程序，以及占该项目总支出的比例；

3. 资产管理和处置的原则、风险控制机制、审批程序，以及用于投资的资产占基金会总资产的比例。

基金会的内部制度，应当在登记管理机关指定的媒体或者本组织网站等其他便于社会公众查询的媒体上予以公开。

本规定适用于在民政部门登记注册的基金会和其他具有公益性捐赠税前扣除资格的社会团体。

附录二

本书所涉文件目录

法律

2020年5月28日	民法典
2017年2月24日	红十字会法
2018年12月29日	老年人权益保障法
2018年10月26日	残疾人保障法
2017年11月4日	会计法
2015年7月1日	国家安全法
2018年12月29日	产品质量法
1999年6月28日	公益事业捐赠法
2001年4月28日	信托法
2015年4月24日	保险法
2009年6月27日	统计法
2018年8月31日	个人所得税法
2021年6月10日	印花税法
2022年6月24日	体育法
2021年10月23日	家庭教育促进法
2011年6月30日	行政强制法
2015年4月24日	税收征收管理法

行政法规及文件

2019年3月2日	军人抚恤优待条例

2004 年 3 月 8 日	基金会管理条例
2016 年 2 月 6 日	社会团体登记管理条例
2017 年 8 月 22 日	志愿服务条例
2019 年 4 月 3 日	政府信息公开条例
2019 年 4 月 23 日	企业所得法实施条例
2014 年 11 月 24 日	国务院关于促进慈善事业健康发展的指导意见

部门规章及文件

2016 年 8 月 31 日	慈善组织认定办法
2020 年 6 月 5 日	《民间非营利组织会计制度》若干问题的解释
2016 年 8 月 31 日	慈善组织公开募捐管理办法
2016 年 8 月 6 日	慈善组织信息公开办法
2020 年 12 月 3 日	财政票据管理办法
2010 年 11 月 28 日	公益事业捐赠票据使用管理暂行办法
2018 年 10 月 30 日	慈善组织保值增值投资活动管理暂行办法
2016 年 8 月 30 日	公开募捐平台服务管理办法
2016 年 10 月 11 日	关于慈善组织开展慈善活动年度支出和管理费用的规定
2018 年 11 月 30 日	公开募捐违法案件管辖规定（试行）
2018 年 2 月 11 日	关于对慈善捐赠领域相关主体实施守信联合激励和失信联合惩戒的合作备忘录